并购对价与融资方式决策研究丛书

U0674876

# 公司现金持有及动态调整研究
## ——基于并购交易视角

Research on Corporate Cash Holdings and Dynamic Adjustment
—Based on the Perspective of Mergers and Acquisitions

张芳芳　著

东北财经大学出版社
Dongbei University of Finance & Economics Press
大连

**图书在版编目（CIP）数据**

公司现金持有及动态调整研究 / 张芳芳著. —大连：东北财经大学出版社，2017.6
（并购对价与融资方式决策研究丛书）
ISBN 978-7-5654-2769-5

Ⅰ．公… Ⅱ．张… Ⅲ．企业管理-现金管理-研究
Ⅳ．F275.1

中国版本图书馆 CIP 数据核字（2017）第 109696 号

东北财经大学出版社出版

（大连市黑石礁尖山街217号 邮政编码 116025）

网 址：http：//www.dufep.cn

读者信箱：dufep@dufe.edu.cn

大连图腾彩色印刷有限公司印刷 东北财经大学出版社发行

幅面尺寸：170mm×240mm 字数：201千字 印张：12.25 插页：1

2017年6月第1版 2017年6月第1次印刷

责任编辑：李智慧 徐 群 责任校对：贝 元

封面设计：张智波 版式设计：钟福建

定价：42.00元

教学支持 售后服务 联系电话：（0411）84710309
版权所有 侵权必究 举报电话：（0411）84710523
如有印装质量问题，请联系营销部：（0411）84710711

本书系国家自然科学基金项目（71172120）的重要成果之一，感谢国家自然科学基金委员会的资助！

# 序言

　　现金是流动性较强的资产，公司持有现金有利于其抓住良好的投资机会，同时也为其带来了巨大的潜在成本，如监管成本和代理成本等。公司现金持有量过低会增加公司的财务风险，而现金持有量过高则会降低公司的资金使用效率，甚至在一定程度上引发严重的代理问题。那么，公司究竟应该持有多少现金？公司是否存在目标现金持有量？目前已有的研究得出了不同的结论。现金持有的融资优序理论和代理理论认为，公司并不存在目标现金持有量。而现金持有的权衡理论从"股东财富最大化"角度出发，认为公司现金持有是在现金持有成本与收益之间权衡的基础上确定一个目标现金持有量，当实际现金持有量偏离该目标值时将进行调整。

　　公司是否存在目标现金持有量，一种最直接的检验方法是研究公司的现金持有量是否具有"均值回归"的特征及其动态调整行为；另一种方法是基于事件研究法，观察并购等投资事件对公司现金持有量的影响。并购需要强有力的资金支持，持有大量现金或拥有大量自由现金流的公司在并购中会选择现金对价方式。另外，并购事件涉及庞大数量的交易金额，对并购后公司的现金持有量具有一定的调整作用。因此，并购将公司的投资行为与现金持有决策联系起来，成为研究公司现金持有量动态调整的"机会"事件。并购不仅是我国资本市场上最重要的社会资源重新配置的手段之一，也是公司重要的投资行为。本书采用事件研究法，利用并购交易这一可观测的独特投资事件，研究公司目标现金持有量的存在性以及公司现金持有超额的经济后果，在理论层面和实践层面均具有重要的研究意义。本书在以下三方面进行了积极探索：

第一，从理论意义上来说，首先，本书通过分析主并公司现金持有量是否具有"均值回归"的特征、估计主并公司现金持有量的动态调整速度，以及分析并购前后主并公司现金持有量的特征和不同并购对价方式下主并公司现金持有量的特征，来检验公司是否存在目标现金持有量，为现金持有理论研究提供了新的研究视角和思路，扩展了现金持有理论的研究领域。其次，本书通过构建计量模型分别研究现金持有状况对并购决策、并购对价方式、并购绩效的影响，以及主并公司现金持有量动态调整速度的非对称性，不仅为研究公司现金持有超额的经济后果提供经验证据，也为检验现金持有超额公司的并购动因提供有力的佐证，丰富了并购动因理论的研究。

第二，从实践意义上来说，首先，本书从并购交易视角研究公司现金持有量的动态调整过程，引导公司从并购绩效的视角确定合理、科学的目标现金持有量，建立现金持有量动态调整机制，使公司的现金持有量能够灵活地适应外部资本市场的变化和公司内部投融资决策、运营活动的变化，从而降低公司的经营风险和财务风险，提高企业价值。其次，本书基于并购相关理论，利用并购交易数据研究公司现金持有超额的经济后果，有利于制定科学、有效、有针对性的政策以规范公司的现金持有行为，进而对公司现金的使用效率和企业价值的提高，乃至国民经济的持续、快速、协调、健康发展都具有重要的现实意义。

第三，从实证研究层面上来说，首先，与以往研究不同，本书通过构建公司现金持有量均值回归模型和现金持有量动态调整模型，以及描述性统计分析并购前后主并公司现金持有量的特征和不同并购对价方式下主并公司现金持有量的特征三种方法相结合的方式，来检验公司目标现金持有量的存在性，使研究结论更直观且更具有说服力。其次，以往学者对于公司现金持有超额的经济后果的研究多从公司现金持有状况对公司业绩的影响等单一角度展开，而本书采用事件研究法，利用公司并购交易这一可观

## 序　言

测的独特投资事件，基于并购相关理论对公司现金持有超额的经济后果展开多角度研究，使论证更加严密。

本书可以作为财经类院校高年级本科生、学术型和专业学位研究生以及博士生的课外阅读材料使用；同时，相信本书对致力于中国公司财务与并购重组问题的学者、政府相关职能部门、上市公司董事会和高级管理人员都会有较多的启发。

刘淑莲

2017年1月

自 2008 年金融危机以来，全球大批企业因资金链断裂而面临破产清算。金融危机在给大批企业造成负面影响的同时，也为一些持有充裕现金的企业带来了对外投资、抢占市场的良机。例如，金融危机爆发以来，持有充裕现金的中国公司不仅掀起了海外并购浪潮，在国内并购市场也进行着日趋活跃的并购活动。"现金为王"成为金融危机和危机后企业的生存法则。现金是流动性较强的资产，公司持有现金有利于其抓住良好的投资机会，但同时，也为其带来了巨大的潜在成本，如监管成本和代理成本等。那么，公司究竟应该持有多少现金？公司是否存在目标现金持有量？

并购需要强有力的资金支持，持有大量现金或拥有大量自由现金流的公司在并购中会选择现金对价方式（Jensen，1986；Martin，1996）。另外，并购事件涉及庞大数量的交易金额，对并购后公司的现金持有量具有一定的调整作用。因此，并购将公司的投资行为与现金持有决策联系起来，成为研究公司现金持有量动态调整的"机会"事件。本书采用事件研究法，利用并购交易这一可观测的独特投资事件，研究公司目标现金持有量的存在性以及公司现金持有超额的经济后果，在理论层面和实践层面均具有重要的研究意义。

具体而言，本书试图回答以下两个问题：

（1）公司是否存在目标现金持有量？

（2）公司现金持有超额会产生什么经济后果？

为了回答上述问题，本书遵循了以下研究思路：在提出问题和对相关文献及理论基础进行回顾之后，首先，从时间特征、行业特征和产权特征三个维度对并购事件、并购对价方式和并购标的进行描述性统计分析，为后面章节的实证研究奠定数据分析基础。其次，采用事件研究法，利用并购交易这一可观测的独特投资事件，通过构建公司现金持有量均值回归模型和现金持有量动态调整模型，以及描述性统计分析并购前后主并公司现金持有量的特征和不同并购对价方式下主并公司现金持有量的特征三种方法，研究公司目标现金持有量的存在性和现金持有量的动态调整。接着，分别从并购决策、并购对价方式和并购绩效三个角度研究公司现金持有超额的经济后果，并为分析现金持有超额公司的并购动因提供经验证据。为了增强上述三个角度研究结果的稳健性，本书进一步从主并公司现金持有量动态调整速度的非对称性角度为研究公司现金持有超额的经济后果和分析现金持有超额公司的并购动因提供更可靠的经验证据。最后，对主要研究结论进行了总结、归纳，并对后续研究方向进行了展望。

本书主要包括三大部分：

第1~3章是本书的研究基础部分。其中，第1章是绪论，包括本书的选题背景、研究意义、相关概念界定、研究目标、研究思路、研究内容、研究方法和研究创新等内容；第2章是理论基础与文献回顾，分别从现金持有的动机、现金持有的动态调整、现金持有的价值效应、并购动因理论和现金持有与公司并购的关系五个层面梳理并阐述了国内外相关研究成果及相关理论，并对文献中的共识观点、分歧以及不足进行了归纳和总结，明确本书的研究方向和研究重点；第3章是并购事件特征分析，根据搜集和整理的我国上市公司并购事件的详细数据资料，从时间特征、行业特征和产权特征三个维度对并购事件、并购对价方式和并购标的进行描述性统计分析，为后面章节的实证研究奠定数据分析基础。

第4~8章是本书的主体部分，采用事件研究法，利用并购交易这一可观测的独特投资事件研究公司目标现金持有量的存在性以及公司现金持有超额的经济后果。根据本书的研究目标和研究思路，这一部分主要包括以下两个方面的内容：一是第4章采用事件研究法，利用并购交易这一可观测的独特投资事件，研究公司目标现金持有量的存在性和现金持有量的动态调整。二是第5~8章，这四章是从并购交易的视角研究公司现金持有超额的经济后果。其中，第5章实证检验了公司现金持有状况对并购决策的影响，从并购决策的角度研究公司现金持有超额的经济后果；第6章实证检验了公司现金持有状况对并购对价方式选择的影响，从并购对价方式选择的角度研究公司现金持有超额的经济后果；第7章实证检验了公司现金持有状况对并购绩效的影响，从并购绩效的角度研究公司现金持有超额的经济后果；第8章从主并公司现金持有量动态调整速度非对称性的角度研究公司现金持有超额的经济后果。

第9章是本书的结论部分，总结归纳了本书的主要研究结论，提出相关的政策建议，并指出研究中存在的不足和局限性，将其作为以后研究的方向和重点。

本书的主要研究结论如下：

（1）本书借鉴 Opler et al.（1999）现金持有量均值回归模型来分析主并公司现金持有量的动态调整行为，研究结论表明主并公司的现金持有量具有"均值回归"的特征，意味着主并公司会将现金持有量控制在一个相对稳定的范围内，为目标现金持有量的存在性检验提供初步分析；在现金持有量的均值回归假设得到验证的前提下，本书进一步构建现金持有量动态调整模型估计主并公司现金持有量动态调整速度，并对并购前后主并公司现金持有量的特征和不同并购对价方式下主并公司现金持有量的特征进行描述性统计分析。实证结果表明公司存在目标现金持有量，且会利用并购交易这一机会，积极地调整公司的现金持有量，以缩小与目标现金持有量的差距。

（2）本书通过构建 Logit 回归模型研究现金持有状况对并购决策的影响，从并购决策的角度研究公司现金持有超额的经济后果，并得到以下主要结论：相对于现金持有不足公司，现金持有超额公司更可能发动并购；高管持股比例小于等于25%的现金持有超额上市公司更可能发动并购，表明现金持有超额公司更可能存在代理问题。

（3）本书通过构建 Logit 回归模型研究现金持有状况对并购对价方式选择的影响，从并购对价方式选择的角度研究公司现金持有超额的经济后果，并得到以下主要结论：主并公司现金持有率对并购对价方式选择的影响不显著，而相对于现金持有不足的主并公司，现金持有超额主并公司更倾向于选择现金作为并购对价方式。研究结论表明，主并公司因自身的现金需求不同会间接影响到并购对价方式的选择，且现金持有超额主并公司在并购对价方式选择中更可能存在代理问题。

（4）本书通过构建混合 OLS 模型研究现金持有状况对短期并购绩效和长期并购绩效的影响，从并购绩效的角度研究公司现金持有超额的经济后果，并得到以下主要结论：由于投资者认知能力和关注度有限，对短期内市场关于主并公司现金持有状况对并购绩效的影响并没有做出及时、有效的反应，因此，主并公司的现金持有状况与短期并购绩效不存在显著关系；现金持有超额主并公司的现金持有量与长期并购绩效显著负相关；现金持有不足主并公司的现金持有量与长期并购绩效不存在显著关系。实证结果支持现金持有超额公司并购的代理动因，表明从长期来看，现金持有超额公司更可能进行减少企业价值的并购交易，公司的超额现金持有具有负面价值效应。

（5）本书通过构建现金持有量动态调整模型实证研究现金持有超额主并公司与现金持有不足主并公司的现金持有量动态调整速度的差异，进一步从主并公司现金持有量动态调整速度非对称性的角度研究公司现金持有超额的经济后果。研究表明，现金持有超额主并公司的现金持有量动态调整速度快于现金持有不足主并公司的现金持有量动态调整速度。这一结果可以从两个方面进行分析：一是当公司持有超额现金时，管理者为了谋取个人私利，增加对超额现金的控制，会利用并购交易这一机会，在并购支付中及并购整合期内加速对超额现金的使用，更加迅速地调整其现金持有量；二是公司管理者为了保护自身职位的安全，倾向于尽快地使用手中的超额现金，减少公司的现金持有量，以避免引发控制权的争夺。研究结果进一步佐证了现金持有超额公司的并购代理动因，表明现金持有超额公司的高管更可能做出减少企业价值的投资决策，因此，公司的超额现金持有具有负面价值效应。

本书具有以下四个方面的特点：

一是研究视角具有一定的新意。本书采用事件研究法，利用并购交易这一可观测的独特投资事件，来检验公司是否存在目标现金持有量，为现金持有理论研究提供了新的研究视角和思路，在理论层面和实践层面均具有重要的研究意义。

二是研究内容丰富。本书系统研究了公司目标现金持有量的存在性和现金持有量的动态调整，并从并购决策、并购对价方式选择、并购绩效和主并公司现金持有量动态调整速度的非对称性等角度研究公司现金持有超额的经济后果，并为分析现金持有超额公司的并购动因提供经验证据。研究内容紧密围绕研究目标展开，资料数据翔实，研究内容之间具有较强的逻辑性。

三是研究过程规范。本书采用规范研究和实证研究相结合的方法进行研究，研究过程符合学术界的主流研究范式。在理论基础和文献回顾部分主要采用规范研究方法展开研究，在经验检验部分主要采用描述性统计、相关性分析、回归分析、稳健性检验等一系列方法进行研究。对于现金持有量、并购绩效等重要变量都采用了不同的衡量方法以保证研究结论的稳健性。

四是研究结论具有一定的启发性。本书通过系统、细致的实证研究，得到一些重要的研究结论：公司存在目标现金持有量，且会利用并购交易这一机会，积极地调整公司的现金持有量，以缩小与目标现金持有量的差距；相对于现金持有不足公司，现金持有超额公司更可能发动并购，且在并购交易中更倾向于选择现金作为并购对价方式；现金持有超额公司更可能进行减少企业价值的并购交易等。这些结论不仅丰富了现金持有理论、现金持有超额的经济后果的研究，对于企业来说也具有重要的借鉴意义。

作　者

2017 年 2 月

**目 录**

目　录

# 绪 论

作为本书的开篇部分，本章主要针对选题背景、研究意义、相关概念的界定、研究目标、研究思路、研究内容、研究方法和研究创新等内容进行阐述，从而展示了本书写作的构思、框架结构和研究方法。本章的具体内容安排如下：1.1 节为选题背景与研究意义；1.2 节为相关概念的界定；1.3 节为研究目标与研究思路；1.4 节为研究内容与研究方法；1.5 节为研究创新。

## 1.1 选题背景与研究意义

自 2008 年金融危机以来，全球大批企业因资金链断裂而面临破产清算，包括美国汽车业三大巨头——通用、福特和克莱斯勒在内的大型企业集团也面临着因资金短缺而带来的困境。"现金为王"成为金融危机和危机后企业的生存法则，国内外企业的总资产中现金所占的比重日益提高。据彭博社报道，2015 年 3 月，全日本公司的现金及存款总额上升 3.6%，达到 241 万亿日元（约合 1.96 万亿美元），创历史新高，日本企业的现金囤积量已经连续 26 个季度处于上涨态势。就国内而言，据作者统计，截至 2014 年 12 月 31 日，我国上市公司有近 1/6 的账面资产以现金的形式存在。因此，研究当今环境下公司现金持有及其经济后果越发具有重要的理论意义和现实意义。

金融危机在给大批企业造成负面影响的同时，也为一些持有充裕现金的企业带来了对外投资、抢占市场的良机。例如，金融危机爆发以来，持有充裕现金的中国公司掀起了海外并购浪潮，根据普华永道发布《企业并购回顾与前瞻报告》（2009年、2010年）的统计数据，2009年中国海外并购交易达144宗，交易金额超过300亿美元，创下历史纪录，而2010年中国海外并购交易达188宗，较2009年增长30%，交易金额增加到380亿美元，再次刷新纪录。在金融危机期间，中国公司不仅在海外并购上屡创纪录，境内并购市场也趋于活跃，据投中集团2010年中国并购市场统计分析报告显示，2010年中国企业境内完成并购交易达1 713宗，环比增长31.16%，披露交易金额达502.12亿美元，环比增长23.87%。

现金是流动性较强的资产，公司持有现金有利于其抓住投资机会的同时，也为其带来了巨大的潜在成本，如监管成本和代理成本等。公司现金持有量过低会增加公司的财务风险，而现金持有量过高则会降低公司的资金使用效率，甚至在一定程度上引发严重的代理问题。那么，公司究竟应该持有多少现金？公司是否存在目标现金持有量？目前已有的研究得出了不同的结论。现金持有的融资优序理论和代理理论认为，公司并不存在目标现金持有量（Myers 和 Majluf，1984；Jensen，1986）。而现金持有的权衡理论从"股东财富最大化"角度出发，认为公司现金持有是在现金持有成本与收益之间权衡的基础上确定一个目标现金持有量，当实际现金持有量偏离该目标值时将进行调整。

公司是否存在目标现金持有量，一种最直接的检验方法是研究公司的现金持有量是否具有"均值回归"的特征及其动态调整行为；另一种方法是基于事件研究法，观察并购等投资事件对公司现金持有量的影响。并购需要强有力的资金支持，持有大量现金或拥有大量自由现金流的公司在并购中会选择现金对价方式（Jensen，1986；Martin，1996）。另外，并购事件涉及大量的交易金额，对并购后公司的现金持有量具有一定的调整作用。因此，并购将公司的投资行为与现金持有决策联系起来，成为研究公司现金持有量动态调整的"机会"事件。

并购不仅是我国资本市场上最重要的社会资源重新配置的手段之一

（刘淑莲，2010），也是公司重要的投资行为。与西方发达国家相比，我国公司并购的发展起步较晚，且有着特殊的经济背景、政治制度背景和社会背景。刘锴（2011）指出："在国际、国内经济形势和企业制度变迁的冲击下，我国的公司并购经历了一个从无到有、从小到大、从不规范到逐渐规范的发展历程。"刘淑莲（2010）将中国上市公司并购重组实践划分为以下三个阶段：起步阶段（1993—1996 年）、快速发展阶段（1997—2005年）、规范与发展并举阶段（2006 年至今）。根据北京交通大学中国企业兼并重组研究中心发布《2014 年中国并购市场报告》的统计数据（见图1-1），从总体趋势来看，2006—2014 年我国上市公司发生的并购案例的交易金额和交易数量均呈现上升趋势，虽然 2008 年并购交易金额受到金融危机的冲击，但在 2010 年后随着经济的复苏，并购浪潮再次达到历史高峰。2014 年中国并购市场交易数量和规模都有较大幅度增长，共发生交易 3 546 宗，与 2013 年相比增长 44.28%；交易金额达到 9 874 亿元人民币，与 2013 年相比增长 48.44%。

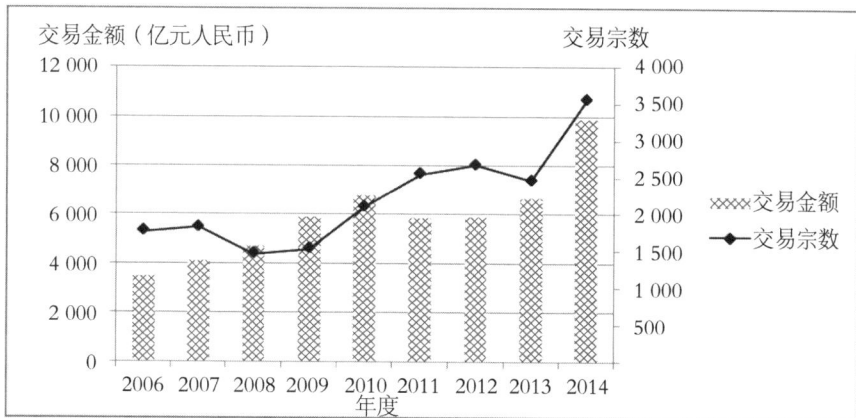

图 1-1　2006—2014 年我国上市公司并购交易的年度统计

数据来源：北京交通大学中国企业兼并重组研究中心《2014 年中国并购市场报告》

　　本书采用事件研究法，利用并购交易这一可观测的独特投资事件，对公司目标现金持有量的存在性和现金持有量的动态调整展开研究，在理论层面和实践层面均具有重要的研究意义。理论意义在于，作为公司重要的投资行为，并购是公司调整现金持有量的重要方式之一，本书通过分析主并公司现金持有量是否具有"均值回归"的特征、估计主并公司现金持有量动态调整速度，以及分析并购前后主并公司现金持有量的特征和不同并购对价方式下主并公司现金持有量的特征来检验公司是否存在目标现金持有量，为现金持有理论研究提供了新的研究视角和思路，扩展了现金持有理论的研究领域。本书的实践意义在于，从并购交易视角研究公司现金持有量的动态调整过程，引导公司从并购绩效的视角确定合理、科学的目标现金持有量，建立现金持有量动态调整机制，使公司的现金持有量能够灵活地适应外部资本市场的变化和公司内部投融资决策、运营活动的变化，从而降低公司的经营风险和财务风险，提高企业价值。在实证研究层面上，与以往研究不同，本书通过构建公司现金持有量均值回归模型和现金持有量动态调整模型，以及描述性统计分析并购前后主并公司现金持有量的特征和不同并购对价方式下主并公司现金持有量的特征三种方法相结合的方式，来检验公司目标现金持有量的存在性，使研究结论更直观且更具有说服力。

4

中外学者对公司现金持有超额的经济后果进行了深入的研究，并形成了两种截然相反的观点：一是公司持有超额现金带来的经济后果是"价值创造"，即公司现金持有超额有利于其抓住良好的投资机会，从而促进企业价值的增长，对企业价值具有正向影响（Myers，1977；Myers 和Maljuf，1984；Mikkelson 和 Partch，2003；彭桃英和周伟，2006；毕晓方和姜宝强，2010）；二是公司持有超额现金带来的经济后果是"价值毁灭"，即公司持有超额现金增加了管理者为谋取个人私利而滥用现金的机会，造成过度投资，从而使企业价值遭受损失，对企业价值具有负向影响（Jensen，1986；Stulz，1990；Shin 和 Kim，2002；Schwetzler 和 Reimund，2004；Dittmar 和 Mahrt-Smith，2007；张凤和黄登仕，2008；张慧丽，2009；干胜道等，2008；吴荷青，2009；王彦超，2009；杨兴全等，2010）。

并购是公司重要的投资行为，当公司现金持有超额时，是否会影响其发动并购的动因？与其他企业相比，现金持有超额公司是否更可能发动并购？现金持有超额公司发动的并购交易能否为公司创造价值？本书通过构建计量模型分别研究现金持有状况对并购决策、并购对价方式选择、并购绩效的影响，以及主并公司现金持有量动态调整速度的非对称性，在理论层面上不仅为研究公司现金持有超额的经济后果提供经验证据，也为检验现金持有超额公司的并购动因提供有力的佐证，丰富了并购动因理论的研究。在政策建议层面上，基于并购相关理论，利用并购交易数据研究公司现金持有超额的经济后果，有利于制定科学、有效、有针对性的政策以规范公司的现金持有行为，进而对公司现金的使用效率和企业价值的提高，乃至国民经济的持续、快速、协调、健康发展都具有重要的现实意义；在实证层面上，以往学者对于公司现金持有超额的经济后果的研究多从公司现金持有状况对公司业绩的影响等单一角度展开，而本书采用事件研究法，利用公司并购交易这一可观测的独特投资事件，基于并购相关理论对公司现金持有超额的经济后果展开多角度研究，使论证更加严密。第一，构建 Logit 模型分析现金持有状况对并购决策的影响，并引入股东与管理者之间代理冲突的替代变量——高管持股比例（高级管理人员持股数/股本总数），进一步研究现金持有超额公司股东与管理者之间代理冲突对并购决策的影响；第二，构建 Logit 模型分析现金持有状况对并购对价方式选择的影响；第三，构建混合 OLS 模型研究现金持有状况对短期并购绩效（CAR）和长期并购绩效（BHAR、$\Delta$ROA）的影响；第四，为了增强上述三个角度研究结果的稳健性，本书进一步构建现金持有量动态调整模型分析现金持有超额主并公司与现金持有不足主并公司现金持有量动态调整速度的差异，为公司现金持有超额经济后果的研究提供更可靠的经验证据。

## 1.2 相关概念的界定

### 1.2.1 现金持有

在国外文献中，与现金持有相对应的概念有"Cash Holding""Cash Reserve""Liquidity"等。本书中的现金持有是统称，主要包含以下几层含义：

（1）现金持有量

在完美的资本市场下，公司可以无成本地从外部资本市场筹集到投资所需的资金，这意味着公司的内部资金和外部资金不存在显著差异，因此，公司的最佳现金持有量为零（Modigliani 和 Miller，1958）。但是，现实资本市场由于信息不对称、代理成本和交易费用等因素的存在而并不完美，在投资机会、财务状况、经营风险等多方面因素的影响下，公司产生了不同的持有现金的动机（Keynes，1936）。本书以现金流量表中的"现金及现金等价物余额"来衡量企业的现金持有绝对量。根据2006年2月财政部发布的《企业会计准则第31号——现金流量表》中的规定，现金（Cash）是指库存现金和可以随时用于支付的存款。现金等价物（Cash Equivalents）指企业持有的期限短、流动性强、易于转换为已知金额现金、价值变动风险很小的投资。为了剔除现金持有绝对量中规模因素的影响，根据研究的需要本书以相对量"现金及现金等价物余额与非现金资产之比"来衡量企业的现金持有量。其中，非现金资产=资产总额－现金及现金等价物余额。因此，本书中的现金持有量又可称为现金持有率。

（2）目标现金持有量

企业的目标现金持有量又称为企业的最优现金持有量。企业是否存在目标现金持有量？如何确定目标现金持有量？上述两个问题一直是中外学者研究的热点。早期对目标现金持有量的研究主要集中在现金持有的交易性动机上。Keynes（1936）提出了交易成本模型来确定企业的目标现金持有量。该模型认为，当企业现金持有的边际成本小于现金短缺的边际成本时，企业就会增加现金持有量；反之，当企业现金持有的边际成本大于现金短缺的边际成本时，企业就会减少现金持有量。因此，企业现金持有的边际成本等于现金短缺的边际成本时的现金持有量即为企业的目标现金持有量。影响上述成本的因素主要包括：①在外部资本市场进行筹资时发生的成本；②因为现金短缺而需要变卖资产、削减股利和对已成立的财务合同进行重新谈判而发生的成本；③投资机会；④由于现金流量的不确定性而产生的各种成本；⑤套期保值成本；⑥未实现规模经济；⑦税收因素；⑧其他资产的变现期限等（Keynes，1936）。

Baumol（1952）借鉴存货的经济批量模型的思想提出确定目标现金

持有量的"存货模型",假设企业的支出率不变,计划期内没有现金收入,企业需要的现金通过有价证券变现取得且变现的交易成本可获悉并固定。当企业现金持有量增加时,现金持有的机会成本会随之增加,而需要转换有价证券的次数会减少,转换的交易成本也会随之减少;反之,当企业现金持有量减少时,现金持有的机会成本会随之减少,而需要转换有价证券的次数增加,转换的交易成本也会随之增加。由此可见,持有现金的机会成本和转换有价证券的交易成本反方向变动。因此,存货模型将持有现金的机会成本与转换有价证券的交易成本之和最小时的现金持有量确定为目标持有量,具体计算公式为:$N=\sqrt{2Tb/i}$,其中:T表示特定时间内交易的现金总需要量;b表示有价证券与现金转换的交易成本;i表示有价证券的利息率,即持有现金的机会成本。

1956年Tobin在Baumol(1952)"存货模型"基础上,进一步引入了利率对现金持有量的影响,但Tobin(1956)指出,他的模型在本质上与Baumol(1952)模型的结果是相同的。因此,经济学文献中将Baumol(1952)和Tobin(1956)在不同时间分别提出的模型合称为Baumol-Tobin模型。

Miller和Orr(1966)指出,Baumol-Tobin模型中假定企业在计划期内没有现金流入,现金流出是均匀的、有规律的且可以预测的,这种现金流入和流出模式对企业来说是不适用的。而对于大多数企业来说,企业在计划期内既有现金流出,也会有现金流入,而且现金流出和现金流入是随机的、不规则的。因此,Miller和Orr(1966)在同时考虑了现金的交易性动机和预防性动机的基础上,把不确定性纳入现金管理之中,提出了Miller-Orr模型,又称为随机模型。随机模型假设企业持有的现金余额在下限(L)和上限(U)之间随机波动。当企业持有的现金余额降到下限水平时,企业应当将部分有价证券出售以补充现金持有量;当企业持有的现金余额升高到上限水平时,企业应当将现金适当地投资于有价证券以降低现金持有量。根据Miller-Orr模型,目标现金持有量的计算公式为:$N=L+\sqrt[3]{3b\sigma^2/4r}$,其中:L表示企业持有的现金余额的下限;b表示有价证券与现金转换的交易成本;r表示有价证券的日利息率,即持有现金的日机会成本；σ 表示每日现金余额变化的标准差，即现金流量的波动性。

继 Baumol-Tobin 模型和 Miller-Orr 模型之后，学术界基于不同的视角对目标现金持有量模型进行了改进和分析（Frenkel 和 Jovanovic，1980；Beckman 和 Foreman，1988；Ansic，1991；Mulligan，1997；Bover 和 Watson，2005；Foleya et al.，2007 等）。虽然各种预测企业目标现金持有量的理论模型经过严密的数学推导具有一定的科学性，但也存在着假设条件多、不适合企业实际情况等局限性。同时，各种理论模型主要考虑的是现金持有的成本因素，而没有考虑现金持有给企业带来的收益。

现金持有的静态权衡理论（Static Trade-off Theory）是在 Kraus 和 Litzenberger（1973）提出的权衡理论的基础上建立和发展起来的，认为企业的目标现金持有量的持有成本最低，给企业带来的经济效益最大，当实际现金持有量偏离该目标值时将进行调整（Kim et al.，1998；Opler et al.，1999）。现金持有的静态权衡理论认为，现金持有的成本包括持有现金的管理成本和持有现金的机会成本。当企业发生现金短缺时，企业不得不从外部资本市场进行筹资，或者变卖资产、削减股利和对已成立的财务合同进行重新协商来融通资金，这些方式增加了企业的资金成本。同时，企业的现金短缺也增加了企业投资不足的可能性和发生财务困境的概率，因此，持有现金的收益又可以理解为现金短缺的边际成本。

由于目标现金持有量的不可观测性，研究中可以选择历史均值、行业均值等作为目标现金持有量的替代变量（Opler et al.，1999）。Bruinshoofd 和 Kool（2004）研究表明，以公司特征为基础来估算目标现金持有量能够提高估算结果的准确性和有效性。因此，本书借鉴 Opler et al.（1999）的现金持有估计模型，用一系列理论上预期对公司现金持有量产生影响的公司特征因素来预测公司的目标现金持有量。

（3）现金持有状况

本书引入"现金持有状况"这一概念，对公司实际现金持有量与目标现金持有量发生偏离状态进行描述，主要包括以下两种情况：一是当公司的实际现金持有量大于目标现金持有量（上偏）时，表明公司现金持有超额；二是当公司的实际现金持有量小于目标现金持有量（下偏）时，表明公司现金持有不足。

## 1.2.2　并购

企业并购是企业兼并（Merger）和收购（Acquisition）的总称，国际上通常把 Merger 和 Acquisition 这两个词合起来，简称"M&A"。

### 1）兼并（Merger）

兼并在《不列颠百科全书》中的定义是"两家或更多的独立的公司合并组成一家公司，通常由一家占优势的公司吸收一家或更多的公司。兼并的方法：①可用现金或证券购买其他公司的资产；②购买其他公司的股份或股票；③对其他公司股东发行新股票以换取其所持有的股权，从而取得其他公司的资产和负债。"《大美百科全书》对兼并一词的界定为"兼并在法律上，指两个或两个以上的企业组织组合为一个企业组织，一个厂商继续存在，其他厂商则丧失其独立身份。唯有剩下的厂商保留其原有名称和章程，并取得其他厂商的资产。这种企业融合的方法与合并（Consolidation）不同，后者是组成一个全新的组织，此时所有参与合并的厂商皆丧失其原来的身份。"《国际社会科学百科全书》对兼并的定义是"兼并是指两家或更多的不同的独立的企业合并为一家。这种合并可以采取多种形式。最典型的一种是一家企业用现金、股份或负债方式来直接购买另一家企业的资产。"1989 年 2 月 29 日我国发布的《关于企业兼并的暂行办法》中指出，"企业兼并是指一个企业购买其他企业的产权，使其他企业失去法人资格或改变法人实体的一种行为。"根据国内外对兼并的界定，可以总结出兼并是两家或更多的独立企业通过法定方式合并组成一家企业，通常是处于优势地位的企业合并处于劣势地位的企业，合并后只有一家企业继续拥有其法人资格，而其他被吸收企业将会失去其法人资格，其债权和债务均由存续企业承担。用公式表示则为"A+B=A（B）"。2014 年，我国《中华人民共和国公司法》第一百七十二条指出："公司合并可以采取吸收合并或者新设合并。一个公司吸收其他公司为吸收合并，被吸收的公司解散。两个以上公司合并设立一个新的公司为新设合并，合并各方解散。"由此可见，兼并又可以成为吸收合并。

新设合并又称联合。《美国标准公司法》和《日本公司更生法》均指出联合是在接收几家现有公司基础上设立一家新公司。可见，联合是两家或更多的独立企业通过法定方式合并组成一家新的企业，成为新的法人实体，而参加合并的各家企业全部丧失法人资格，其全部债权和债务将由新企业接管。用公式表示则为"A+B=C"。

### 2）收购（Acquisition）

《布莱克法律词典》（Black's Law Dictionary）将收购界定为："为了实现与税收、市场份额、提供商品或劳务以及竞争相关的战略目标，一家企业购买另一家企业股东的普通股股权或大部分资产，前者为股权收购，后者为资产收购。"2002年9月28日，中国证监会颁布的《上市公司收购管理办法》第一章第二条指出："上市公司收购是指收购人通过在证券交易所的股份转让活动持有一个上市公司的股份达到一定比例、通过证券交易所股份转让活动以外的其他合法途径控制一个上市公司的股份达到一定程度，导致其获得或者可能获得对该公司的实际控制权的行为。"由此可见，兼并和收购是从不同的角度解释了企业产权的交易行为，两者既存在紧密联系，同时又有本质区别。兼并强调通过企业间的产权交易导致被兼并一方失去其法人资格。收购强调通过企业间的产权交易使得收购方获得被收购方的实际控制权，交易双方的法人资格均未丧失。

学术界和实务界通常将企业兼并和企业收购合在一起使用，对两者不加区分，简称企业并购（Merger & Acquisition 或 M&A）。Weston et al.（2006）认为，兼并和收购是达到接管的两种形式。本书根据研究需要，除非特别说明，对兼并和收购不加区分，将并购的定义和内涵限定在股权收购、资产收购和吸收合并等控制权转移特征明显且有偿交易的三种并购活动。

### 1.2.3 经济后果

经济后果学说兴起于20世纪70年代。Zeff（1978）在《崛起的经济后果》（The Rise of Economic Consequences）一文中对经济后果学说进行了详细的论述，他认为："经济后果是指财务会计报告对企业、政府、工会、投资者和债权人决策行为的影响，也就是说，财务会计报告会影响管理者及其他利益相关者的决策，而不仅仅是简单地反映这些决策的结果。"William（1997）在其著作《财务会计理论》中指出："经济后果是一个概念，它是指不论有效市场理论的含义如何，会计政策的选择和变更（不论其是否引起企业现金流量的变化）都确实能影响公司的价值。"

经济后果学说不仅拓宽了会计研究领域的视角，而且不断地被借鉴和应用于财务、审计等其他研究领域。如何决定企业的现金持有量是财务学界一项重要的研究课题，将经济后果的概念应用于企业现金持有的相关研究中，主要是指企业现金持有量的多少对企业管理者的决策行为会产生潜在的影响，进而影响企业价值。

中外学者对企业现金持有经济后果的研究主要从以下三个方面进行：一是企业的现金持有量对企业投资行为的影响（Jensen，1986；Harford，1999；Opler et al.，1999；Shin 和 Kim，2002；Mikkelson 和 Partch，2003；Dittmar 和 Mahrt‐Smith，2007；王彦超，2009；杨兴全等，2010）；二是企业的现金持有量对企业业绩的影响（Lamont 和 Christopher，2001；Mikkelson 和 Partch，2003；Schwetzler 和 Reimund，2003；陈雪峰和翁君奕，2002；彭桃英和周伟，2006；毕晓方和姜宝强，2010；干胜道等，2008；吴荷青，2009 等）；三是企业的现金持有量对企业市场价值的影响（Pinkowitz 和 Williamson，2002；Pinkowitz et al.，2003；Dittmar 和 Mahrt-Smith，2007；Faulkender 和 Wang，2006；顾乃康和孙进军，2008；张照南和杨兴全，2009 等）。

## 1.3　研究目标与研究思路

### 1.3.1　研究目标

本书利用公司并购这一可观测的独特投资事件，对公司目标现金持有量的存在性和现金持有量的动态调整展开研究，以此作为划分现金持有超额公司和现金持有不足公司的理论基础和实践方法；并基于并购相关理论，采用实证研究方法分析现金持有状况对并购决策、并购对价方式选择、并购绩效的影响，以及主并公司现金持有量动态调整速度的非对称性，为研究公司现金持有超额的经济后果提供经验证据，并由此提出相应的政策建议。具体来说，本书的研究目标主要有：

（1）本书借鉴 Opler et al.（1999）现金持有量均值回归模型，检验主并公司的现金持有量是否具有"均值回归"的特征，为目标现金持有量的存在性检验提供初步分析。

（2）在现金持有量的均值回归假设得到验证的基础上，本书通过构建现金持有量动态调整模型来估计主并公司现金持有量的动态调整速度，以及分析并购前后主并公司现金持有量的特征和不同并购对价方式下主并公司现金持有量的特征，验证目标现金持有量的存在性，为划分现金持有超额公司和现金持有不足公司提供理论基础和实践方法。

（3）基于并购相关理论，本书通过构建计量模型研究现金持有状况对并购决策、并购对价方式选择、并购绩效的影响，以及主并公司现金持有量动态调整速度的非对称性，为研究公司现金持有超额的经济后果提供更可靠的经验证据。

## 1.3.2 研究思路

本书在提出问题和对相关文献及理论基础进行回顾之后，首先，从时间特征、行业特征和产权特征三个维度对并购事件、并购对价方式和并购标的进行描述性统计分析，为后面章节的实证研究奠定数据分析基础。其次，采用事件研究法，利用并购交易这一可观测的独特投资事件，通过构建公司现金持有量均值回归模型和现金持有量动态调整模型，以及描述性统计分析并购前后主并公司现金持有量的特征和不同并购对价方式下主并公司现金持有量的特征三种方法，研究公司目标现金持有量的存在性和现金持有量的动态调整。接着，分别从并购决策、并购对价方式选择和并购绩效三个角度研究公司现金持有超额的经济后果，并为分析现金持有超额公司的并购动因提供经验证据。为了增强上述三个角度研究结果的稳健性，本书进一步从主并公司现金持有量动态调整速度的非对称性角度为研究公司现金持有超额的经济后果和分析现金持有超额公司的并购动因提供更可靠的经验证据。最后，对主要研究结论进行了总结、归纳，并对后续研究方向进行了展望。简而言之，本书的研究思路遵循如图1-2所示的路径。

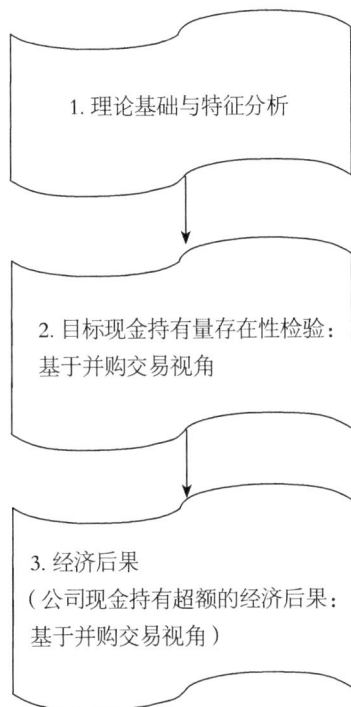

1. 理论基础与特征分析

2. 目标现金持有量存在性检验：
基于并购交易视角

3. 经济后果
（公司现金持有超额的经济后果：
基于并购交易视角）

**图 1-2　研究思路**

　　本书的研究问题是逐层深入的，采用事件研究法，利用并购交易这一可观测的独特投资事件，深入研究公司目标现金持有量的存在性及公司现金持有超额的经济后果。当然，基于并购交易视角研究公司现金持有超额的经济后果是一个庞大的议题，一本专著很难做到面面俱到，鉴于此，本书主要选择并购决策、并购对价方式选择、并购绩效和主并公司现金持有量动态调整速度的非对称性等角度进行研究，以期能够抛砖引玉，为这一议题的研究奠定基础。

## 1.4 ———————— 研究内容与研究方法 ————————

### 1.4.1　研究内容

　　遵循上述研究思路，本书的内容安排如图 1-3 所示：

公司现金持有及动态调整研究

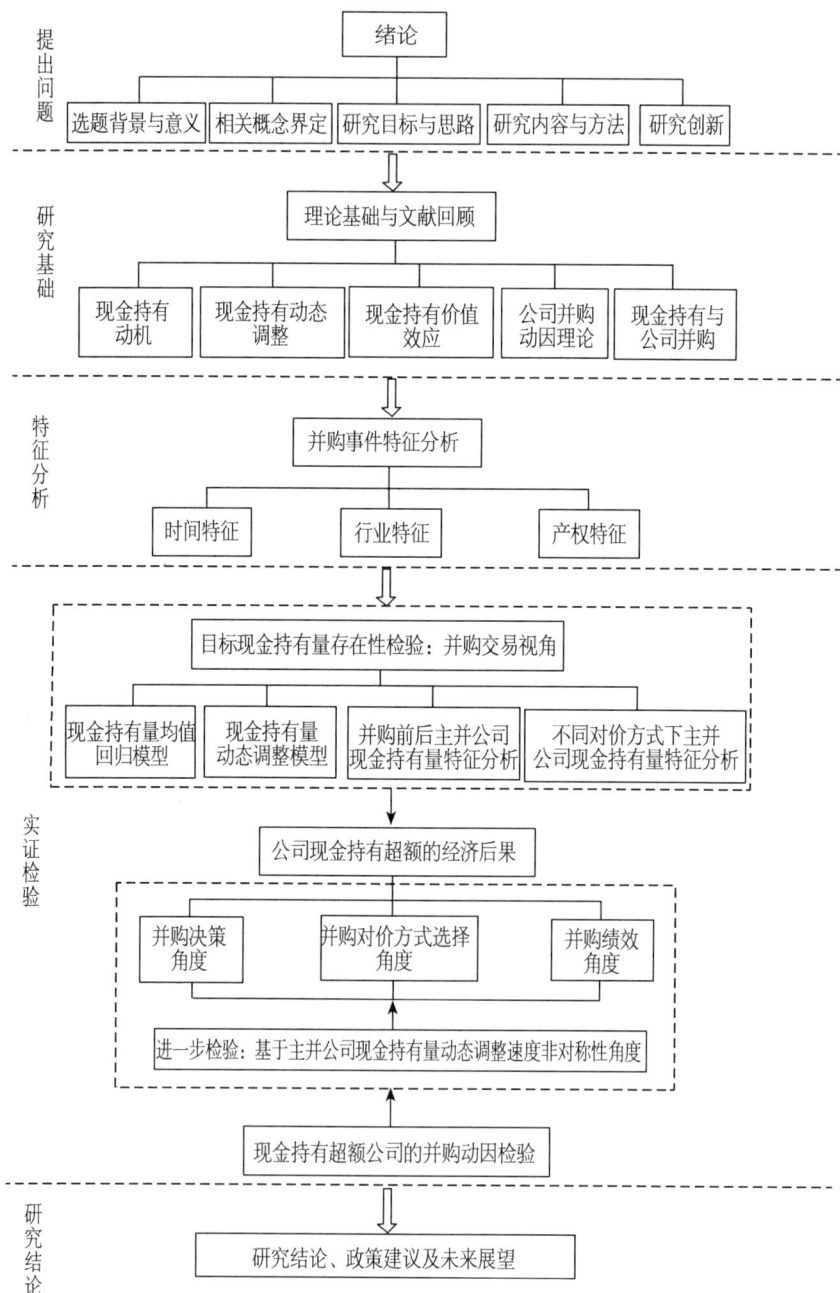

提出问题

绪论

选题背景与意义　相关概念界定　研究目标与思路　研究内容与方法　研究创新

研究基础

理论基础与文献回顾

现金持有动机　现金持有动态调整　现金持有价值效应　公司并购动因理论　现金持有与公司并购

特征分析

并购事件特征分析

时间特征　行业特征　产权特征

目标现金持有量存在性检验：并购交易视角

现金持有量均值回归模型　现金持有量动态调整模型　并购前后主并公司现金持有量特征分析　不同对价方式下主并公司现金持有量特征分析

实证检验

公司现金持有超额的经济后果

并购决策角度　并购对价方式选择角度　并购绩效角度

进一步检验：基于主并公司现金持有量动态调整速度非对称性角度

现金持有超额公司的并购动因检验

研究结论

研究结论、政策建议及未来展望

图 1-3　结构框架图

第 1 章绪论。本章首先阐述了本书的选题背景和研究意义；其次界定了现金持有、并购和经济后果等相关概念；接着分别阐述了本书的研究目标、研究思路、研究内容和研究方法；最后提出了主要创新之处。

第 2 章理论基础与文献回顾。本章从现金持有的动机、现金持有的动态调整、现金持有的价值效应、并购动因理论和现金持有与公司并购的关系五个层面梳理并阐述了国内外相关研究成果及相关理论。首先，回顾了现金持有的流动性需求动机、现金持有的自利性动机和现金持有的避税动机；其次，回顾了现金持有的权衡理论，在此基础上从现金持有动态调整速度的大小、非对称性和影响因素等方面梳理了现金持有动态调整研究的相关文献；接着，回顾了国内外相关文献对于现金持有价值效应的两种截然相反的观点，通过对相关文献的回顾和梳理，详细阐述和分析了协同效应理论（Synergy Effect Theory）、过度自信理论（Overconfidence Hypothesis）和代理理论（Agency Theory）三大并购动因理论，在此基础上探讨了公司发动并购的动因不同时其产生的经济后果之间的差异性；再次，在现金持有与公司并购的关系方面，本章分别回顾了公司现金持有量对并购事件影响的相关文献，即公司现金持有量对并购决策、并购对价方式、并购融资方式和短期并购绩效的影响，以及并购事件对公司现金持有量影响的相关文献，从而为厘清现金持有与公司并购之间的关系提供了一定的研究基础；最后，在对国内外相关文献进行系统梳理的基础上，本章对文献中的共识观点、分歧以及不足进行了归纳和总结，并明确本书的研究方向和研究重点。

第 3 章并购事件特征分析。本章根据搜集和整理的我国上市公司并购事件的详细数据资料，从时间特征、行业特征和产权特征三个维度对并购事件、并购对价方式和并购标的进行描述性统计分析，为后面章节的实证研究奠定数据分析基础。

第 4 章目标现金持有量存在性检验：并购交易视角。现金是流动性较强的资产，公司持有现金有利于其抓住投资机会的同时，也为其带来了巨大的潜在成本，如监管成本和代理成本等。公司现金持有量过低会增加公司的财务风险，而现金持有量过高则会降低公司的资金使用效率，甚至在一定程度上引发严重的代理问题。那么，公司究竟应该持有多少现金？公司是否存在目标现金持有量？目前已有的研究得出了不同的结论。本章采用事件研究法，利用并购交易这一可观测的独特投资事件，研究公司目标现金持有量的存在性和现金持有量的动态调整。首先，借鉴 Opler et al. (1999) 现金持有量均值回归模型来研究主并公司的现金持有量是否具有"均值回归"的特征；其次，构建现金持有量动态调整模型，研究主并公司现金持有量的动态调整机制；最后，分析了并购前后主并公司现金持有量的特征和不同并购对价方式下主并公司现金持有量的特征。

第5章公司现金持有超额的经济后果研究：并购决策角度。并购交易需要强有力的资金支持，那么，与其他企业相比，现金持有超额公司是否更可能发动并购？公司的代理冲突对并购决策又会产生什么影响？本章以2008年1月1日至2011年12月31日我国沪深上市公司及该段时间内上市公司发生的2 606笔未成功并购交易和1 729笔成功并购交易作为研究样本。首先，借鉴 Opler et al. (1999) 的现金持有估计模型，采用个体和时间固定效应估计方法对上市公司的现金持有状况进行估计；其次，采用Logit模型研究主并公司现金持有状况对并购决策的影响，从并购决策的视角为研究公司现金持有超额的经济后果提供经验证据。为了研究上市公司代理冲突对研究结果的影响，本章进一步将现金持有偏离与高管持股比例的交乘项纳入Logit回归模型进行分析。

第6章公司现金持有超额的经济后果研究：并购对价方式选择角度。国外学者的研究成果证实了主并公司现金持有状况是并购对价方式选择的重要影响因素（Martin，1996；Alshwer，2011）。但是已有的研究并没有考虑公司自身对现金的需求状况，认为主并公司的现金持有率与并购对价方式的选择是单调关系。然而，Keynes（1936）研究发现，现金作为流动性强但收益性差的资产，企业是出于交易性动机和预防性动机的需要才持有一定量的现金。那么，相对于公司现金需求的主并公司现金持有状况对并购对价方式的选择会产生怎样的影响？本章以2008年1月1日至2011年12月31日沪深上市公司发生的1 729笔成功并购交易为研究样本，采用Logit回归模型分析，研究了主并公司现金持有率和相对于公司现金需求的现金持有状况对并购对价方式选择的不同影响，以期厘清主并公司现金持有状况这一重要因素对并购对价方式选择的影响机理，从而进一步深化并购对价方式影响因素这一议题的研究，为主并公司更好地选择并购对价方式提供参考。

第7章公司现金持有超额的经济后果研究：并购绩效角度。并购绩效不仅可以反映并购交易的实际效果，也可以间接地推断公司发动并购的动因（Trautwein，1990）。本章通过构建计量模型实证分析了现金持有状况对短期并购绩效和长期并购绩效的影响，从并购绩效的视角为研究公司现金持有超额的经济后果和检验现金持有超额公司的并购动因提供进一步的经验证据。本章以2008年1月1日至2011年12月31日沪深上市公司发生的1 729笔成功并购交易为研究样本。首先，采用混合OLS模型研究主并公司现金持有状况对短期并购绩效的影响，短期并购绩效采用并购首次公告日前后若干个交易日公司股票价格的累计超额收益率（CAR）来衡量；其次，采用混合OLS模型研究主并公司现金持有状况对长期并购绩效的影响，为了保证研究结果的稳健性，本章分别采用购买–持有异常收益（Buy and Hold Abnormal Return，BHAR）和总资产收益率的变化值（$\Delta$ROA）两个指标来衡量长期并购绩效。

第8章公司现金持有超额的经济后果研究：主并公司现金持有量动态调整速度非对称性角度。现金持有量的动态调整速度具有非对称性，主要体现在公司现金持有超额时与公司现金持有不足时，公司现金持有量的动态调整速度是不同的。为了增强前面章节中从并购决策、并购对价方式和并购绩效三个角度研究公司现金持有超额的经济后果的稳健性，本章通过分析现金持有超额主并公司与现金持有不足主并公司现金持有量动态调整速度的差异，从主并公司现金持有量动态调整速度非对称性的角度为研究公司现金持有超额的经济后果提供更可靠的经验证据。本章以2008年1月1日至2011年12月31日沪深上市公司发生的1 729笔成功并购交易为研究样本，构建现金持有量动态调整模型，研究现金持有超额主并公司与现金持有不足主并公司现金持有量动态调整速度的差异。

第9章研究结论、政策建议及未来展望。本章在文献回顾、特征分析和实证检验的基础上，对主要研究结论进行了总结和归纳；同时，根据研究结论提出相应的政策建议，并指出研究中存在的不足和局限性，将其作为以后研究的方向和重点。

### 1.4.2 研究方法

本书采用规范研究和实证研究相结合的方法，对于文献回顾和理论基础部分主要采用规范研究方法，而对于经验检验部分主要采用实证研究方法。

**1）规范研究方法**

本书在系统梳理和分析现金持有动态调整和现金持有与公司并购之间关系的相关研究文献的基础上，从理论上分析公司是否存在目标现金持有量以及现金持有与公司并购之间的逻辑关系；在对并购动因理论和公司现金持有价值效应两个方面进行总结和分析的基础上，从理论上分析了公司现金持有超额的经济后果，为本书后续的实证分析夯实了理论基础。

**2）实证研究方法**

（1）描述性统计和相关性分析

对本书各模型中的主要变量进行描述性统计，从均值、中位数和标准差等指标来描述样本主要变量的平均水平和离散程度；在目标现金持有量存在性检验部分，本书不仅采用了回归分析方法，还进一步采用描述性统计方法对并购前后主并公司现金持有量的特征和不同并购对价方式下主并公司现金持有量的特征进行分析，从主并公司现金持有量特征的角度为目标现金持有量存在性检验提供佐证。在回归分析之前，分别对各模型中的主要解释变量进行 Spearman 相关性检验和 Pearson 相关性分析，作为检验变量之间多重共线性的方法之一。

（2）多元回归分析

本书为了检验公司是否存在目标现金持有量：首先，构建现金持有量均值回归模型以验证主并公司的现金持有量是否具有"均值回归"特征；其次，构建现金持有量动态调整模型估计主并公司现金持有量动态调整速度，验证目标现金持有量存在性假设。本书为了研究公司现金持有超额的经济后果：首先，构建 Logit 模型来研究主并公司的现金持有状况对并购决策的影响；其次，构建 Logit 模型研究主并公司的现金持有状况对并购对价方式选择的影响；接着，构建混合 OLS 模型研究主并公司的现金持有状况对短期并购绩效（CAR）、长期并购绩效（BHAR、$\Delta$ROA）的影响；最后，构建现金持有量动态调整模型，研究现金持有超额主并公司与现金持有不足主并公司的现金持有量动态调整速度的差异。

## 1.5 　研究创新

本书预期的可能创新点主要体现在以下三个方面：

第一，作为公司重要的投资行为，并购是公司调整现金持有量的重要方式之一。本书通过研究主并公司的现金持有量是否具有"均值回归"的特征、估计主并公司现金持有量的动态调整速度以及分析并购前后主并公司现金持有量的特征和不同并购对价方式下主并公司现金持有量的特征，来检验公司是否存在目标现金持有量，为现金持有理论研究提供了新的研究视角和思路，扩展了现金持有理论的研究领域。

第二，本书在研究公司现金持有超额的经济后果的过程中，并没有仅研究现金持有超额公司的并购交易，而是将现金持有不足公司的并购交易作为配对样本，通过分组检验两类公司并购交易之间的差异使本书对公司现金持有超额的经济后果的研究结论更具有说服力。

第三，本书采用事件研究法，利用公司并购这一可观测的独特投资事件，对公司现金持有超额的经济后果展开多角度研究，使得论证更加严密。具体来说，本书分别从并购决策、并购对价方式选择、并购绩效和主并公司现金持有量动态调整速度非对称性四个角度研究公司现金持有超额的经济后果。上述四个方面的研究内容相辅相成，使得论证更加全面、严谨，突破了以往学者多从公司现金持有状况对公司业绩的影响等单一角度研究公司现金持有超额的经济后果可能存在的缺陷。

第 2 章

# 理论基础与文献回顾

对某一个主题展开研究的首要任务是厘清它的研究现状，以便从中发现未来进一步分析的突破口。本章从现金持有的动机、现金持有的动态调整、现金持有的价值效应、并购动因和现金持有与公司并购的关系五个层面梳理并阐述了国内外相关研究成果及相关理论，为研究公司现金持有动态调整、检验现金持有超额公司的并购动因以及分析公司现金持有超额的经济后果奠定理论基础。本章的具体安排如下：2.1 节对现金持有动机的相关文献进行了梳理与回顾；2.2 节对现金持有动态调整的相关文献进行了梳理与回顾；2.3 节对现金持有价值效应的相关文献进行了梳理与回顾；2.4 节阐述了公司并购动因理论；2.5 节对现金持有与公司并购之间关系的相关文献进行了梳理与回顾；2.6 节为文献述评。

## 2.1 现金持有的动机分析

在完美的资本市场下，公司可以无成本地从外部资本市场筹集到投资所需的资金，这意味着公司的内部资金和外部资金不存在显著差异，因此，公司的最佳现金持有量为零（Modigliani 和 Miller，1958）。但是，现实资本市场由于信息不对称、代理成本和交易费用等的存在而并不完美，在投资机会、财务状况、经营风险等多方面因素的影响下，公司产生了不同的持有现金的动机。1936 年，Keynes 在《就业、利息与货币通论》（General Theory of Employment，Interest and Money）一书中基于流动性偏好理论对公司的现金需求和动机进行了系统的分析。20 世纪 50 年代开始，Baumol（1952）、Tobin（1956）、Miller 和 Orr（1966）、Frenkel 和 Jovanovic（1980）、Beckman 和 Foreman（1988）、Ansic（1991）、Mulligan（1997）等众多学者尝试从不同的角度研究公司最佳现金持有量模型，分析在经济发展和波动中公司的现金持有行为。20 世纪 90 年代，国外公司出现持有大量现金的情况。1998 年末，Global Vantage Database 数据库列示的全球最大规模的公司持有 1.5 万亿美元的现金及现金等价物，约占这些公司资产账面价值的 9%，且大于这些公司净资产市场价值的 9%（Dittmar et al.，2003）。公司持有大量现金及现金等价物的现象引起了学者们的广泛关注，并对现金持有动机展开了深入地探讨。

### 2.1.1　现金持有的流动性需求动机

Keynes（1936）通过分析指出，公司现金持有的动机包括现金持有的交易动机、现金持有的预防动机和现金持有的投机动机。与其相对应的公司现金持有需求包括现金的交易需求、现金的预防需求和现金的投机需求。在这三种需求中，一般假定交易需求和投机需求是可以区分的，而预防需求不宜单独分离出来，因此将预防需求分别归结到交易需求和投机需求之中。

**1）现金持有的交易性动机**

现金持有的交易性动机又称支付动机，是指公司为了维持日常生产经营的支出和周转的需要而持有一定量的现金。公司的生产经营活动是持续进行的，但是其现金的流入量和支出很难保持时间上的同步和数额上的同量。因此，为了维持日常生产经营的支出和周转的需要，公司应当保持一定的现金持有量。通常情况下，公司因交易性动机所持有的现金量与其销售水平正相关。Baumol（1952）和 Tobin（1956）提出了 Baumol-Tobin 模型，又称现金持有的交易成本动机模型；Miller 和 Orr（1966）在同时考虑了现金的交易性动机和预防性动机的基础上，在分析中考虑了现金流入和现金流出的波动性，提出了 Miller - Orr 模型，又称随机模型；Himmelberg et al.（2003）实证分析了人力资源、物力资源、折旧率、存货比率等变量对现金持有量的关系，为现金持有的交易性动机提供了经验证据。

**2）现金持有的预防性动机**

现金持有的预防性动机是指公司为了应对未来现金流量的波动性应当持有一定量的现金。未来现金流量的波动性主要是由公司生产经营活动、投资活动和融资活动的不确定性引起的。公司无法预期的意外事件可能会造成现金流出量超过现金流入量，从而使公司陷入财务困境或因缺乏资金而投资不足，为了避免这种情况的出现，公司需要保持一定的现金持有量以应对突发事件。Kim et al.（1998）、Opler et al.（1999）研究发现，较高的现金流波动性意味着企业面临现金流短缺的可能性增加，从而提高了企业投资不足和陷入财务危机的概率。从预防性动机来看，企业现金流的波动性越高，企业现金持有水平应当越高。

近十几年来，中外学者对现金持有预防性动机的研究主要集中在以下三个方面：一是公司的融资约束、现金流量与现金持有量三者之间的关系。Almeida et al.（2004）通过分析指出，融资约束公司的现金－现金流敏感性显著为正，倾向于从现金流中储备较多的现金，而非融资约束公司的现金储备与现金流量不存在显著关系。Chang et al.（2007）的研究也得到了相同的结论。二是公司的融资约束、现金流量和公司投资三者之间的关系。Chang et al.（2007）进一步通过实证分析发现，融资约束公司的投资－现金流敏感度较低，这一结果表明融资约束公司具有较强的预防性动机。于博（2014）以中国房地产行业为研究样本，得到了与 Chang et al.（2007）相同的结论。三是公司的融资约束、现金流风险和现金持有量三者之间的关系。Han 和 Qiu（2007）通过分析指出，融资约束公司为了避免出现由于现金流波动性的提高而可能引发的资金短缺等困境，倾向于增加现金持有量。也就是说，对于融资约束公司来说，现金流波动性对现金持有量具有显著的正向影响。顾乃康和孙进军（2009）、高克智等（2011）以中国上市公司为研究样本也得到了相同的结论。

**3）现金持有的投机性动机**

现金持有的投机性动机是指公司为了满足稍纵即逝的投资机会的资金需求，以获取高额收益而持有一定量的现金。Myers 和 Majluf（1984）研究发现，由于外部融资成本高于内部融资成本，公司为了抓住有利的投资机会，应当持有一定量的资金以满足投资性需求。中外学者通过实证研究发现，公司的投资机会是其现金持有量的重要影响因素，当公司可获利的投资机会越多，为了避免投资不足，公司应当持有较多的现金（Kim et al.，1998；Opler et al.，1999；辛宇和徐莉萍，2006）。

现金持有的投机性动机还会受到公司管理者的风险偏好的影响。与保守的管理者相比，激进的管理者更愿意投资风险大的项目，以追求高收益的实现。因此，激进的管理者具有较强的投机性动机，倾向于持有更多的现金以满足投资需求。

## 2.1.2　现金持有的自利性动机

现金持有的交易性动机和预防性动机都是以"股东财富最大化"为原则，即隐含着"管理者与股东利益相一致"的假设。然而，由于公司的所有权和经营权相分离，股东和管理者之间是委托代理关系，两者之间的利益并不一致（Berle et al.，1932）。基于委托代理理论，Jensen（1986）提出自由现金流假说，认为由于企业管理者的剩余索取权与剩余控制权不对称，管理者有动机通过企业的控制权为自己谋取私利，追求"私人利益最大化"。企业管理者为了追求个人私利倾向于持有更多的现金，具体表现为以下两点：一是管理者为了巩固地位和既得利益，通过持有超额现金规避风险，逃避资本市场的监管（Easterbrook，1984；Jensen，1986）。Gramham 和 Harvey（2001）研究发现，与当期过度投资相比，管理者更愿意选择保持未来财务的灵活性，因此，管理者会持有较多的现金。二是管理者为了更加有弹性地追求自己的目标，倾向于持有更多的现金，而不愿通过股利的形式分配给股东（Jensen 和 Meckling，1976；Jensen，1986）。股东可以通过减少企业的现金持有量和限制管理者滥用现金的机会来减轻委托代理问题（Jensen，1986；Stulz，1990）。

大量研究成果表明，从世界范围内来看，公司股权结构是相对集中的，而非分散的（Shleifer et al.，1997；La Porta et al.，1999；Faccio et al.，2002）。在集中的股权结构中，掌握公司控制权的大股东以损害中小股东利益为代价，通过占用或转移公司大量现金的方式追求自身私利，成为现金持有自利性动机的表现形式之一。不同的公司治理结构在控股股东和管理者自利行为的监管措施和有效性上存在差异，从而对公司现金持有量产生不同的影响。

**1）股权集中度**

由于公司的所有权和经营权相分离，股东和管理者之间是委托代理关系，两者之间的利益并不一致（Berle et al.，1932），股东应当监督管理者，使其不得进行有悖于股东利益的活动。然而，监督管理者的高成本和按持股比例享有的低收益使广大中小股东望而却步，但公司的控股股东有足够的激励去收集信息并有效地监督管理者，使其不得进行有悖于股东利益的活动，从而降低了代理成本。因此，股权集中度高的公司，更容易在外部资本市场进行融资，这类公司的现金持有量较低（Guney et al.，2003）。

虽然掌握公司控制权的大股东在监督管理者方面有其不可替代的优势，但是他们在公司的经营管理中往往通过占用或转移公司大量现金的方式追求自身私利，从而损害了中小股东的利益。从这一角度分析，公司大股东为了增加可控的资金数量，侵占公司资产，倾向于持有大量现金（Jani et al.，2004）。

**2）管理层持股**

大量研究成果指出，管理层适度持股能够缓解管理者与股东之间的利益冲突，降低代理成本和外部融资成本，而持有现金具有机会成本和管理成本。因此，企业的现金持有量与管理层持股比例负相关。但是，持股比例较高的管理者将会选择持有大量现金来追求个人私利，在这种情况下，企业的现金持有量与管理者持股比例正相关。Ozkan et al.（2004）的研究结论表明，公司的管理层持股比例与现金持有量之间是非单调的关系。杨兴全和孙杰（2007）研究发现公司管理层持股比例与现金持有量显著负相关。

**3）董事会特征**

中外学者对董事会监督机制的有效性进行了大量的研究。虽然董事会的规模较大能够提高董事会的代表性和监督作用，但是董事会规模越大，参与决策的人员就越多，从而导致决策过程缓慢且缺乏效率。Yermack（1996）的研究支持了"小规模董事会更有效率"的观点。Kusnadi（2003）的研究结论表明，由于董事会规模大的公司治理效率较低，股东不能对管理者进行有效的监管，因此，这类公司持有较多现金，这一结论与代理成本假设一致。杨兴全和孙杰（2007）得出与 Kusnadi（2003）相似的结论，即公司董事会规模与现金持有量负相关。

与内部董事相比，外部董事对公司管理者的监督更加有效，更加支持替换业绩差的 CEO，更能代表股东的利益（Fama et al., 1983；Weisbach, 1988）。因此，外部董事（又称独立董事）的引入能够提高董事会的监督效率。Borokhovich et al.（1996）通过分析指出，公司董事会中外部董事的比例与从外部聘用 CEO 的可能性是正相关关系。从这一角度分析，公司外部董事比例越大，越有利于公司避免"内部人控制"，有效监督并减少公司管理者为了追求私利而持有大量现金的行为，维护公司股东的利益。杨兴全和孙杰（2007）研究发现，外部独立董事比例并未对公司的现金持有量产生显著性影响，从现金持有量的角度为我国上市公司治理的不完善性提供了证据。

### 2.1.3　现金持有的避税动机

在很多国家（如美国），国内公司在国外取得的利润汇回本国时，才会被征税。美国相关部门认为，1999—2006 年美国上市公司现金持有量持续增长的原因是国外利润汇回本国会被征收高额税金，为了避税上市公司宁愿将利润以现金的形式留在国外，而不将其汇回国内继续投资。因此，美国政府颁布了国外机构汇回利润一次性特别税务处理的法规，以吸引跨国公司汇回国外利润增加国内投资（许骞，2012）。

Foley et al.（2007）对现金持有的避税动机进行分析，研究发现，从某种程度上来说，美国跨国公司持有高额现金的原因是为了逃避资金汇回时的高额税金，以达到避税的目的。同时，面临融资约束程度较小的公司和技术密集型公司的避税动机更加强烈。

## 2.2 ———————— 现金持有的动态调整 ————————

### 2.2.1 现金持有权衡理论

现金持有的静态权衡理论（Static Trade-off Theory）是在 Kraus 和 Litzenberger（1973）提出的权衡理论的基础上建立和发展起来的，认为企业的目标现金持有量的持有成本最低，给企业带来的经济效益最大，当实际现金持有量偏离该目标值时将进行调整（Kim et al., 1998; Opler et al., 1999）。现金持有的静态权衡理论认为，现金持有的成本包括持有现金的管理成本和机会成本。当企业发生现金短缺时，企业不得不从外部资本市场进行筹资，或者变卖资产、削减股利和对已成立的财务合同进行重新协商来融通资金。这些方式增加了企业的资金成本的同时，也增加了企业失去良好投资机会的可能性和发生财务困境的概率，因此，持有现金的收益又可以理解为现金短缺的边际成本。

图2-1描述了现金持有静态权衡模型中企业最优现金持有量的确定。现金是流动性较强的资产，其回报率较低。因此，现金持有的边际成本不会因企业现金持有量的变化而变化，在坐标轴上呈现为一条水平线。企业持有的现金越多，发生资金短缺的概率随之降低，需要从外部资本市场筹资的数额相应减少。同时，需要采用变卖资产、削减股利和对已成立的财务合同进行重新协商来融通资金的概率也随之下降。这表明企业现金短缺的边际成本随着企业现金持有量的增加而减少，在坐标轴上呈现为一条向右下方倾斜的曲线。在企业生产经营规模和投资规模不断扩大的情况下，企业发生资金短缺的概率随之增加，此时，现金短缺的边际成本曲线会发生右移，而上述两条曲线相交时，其交点就是企业的最优现金持有量。

然而，中外学者通过分析指出，由于资本市场的不完美产生的调整成本，以及企业在现金持有超额或不足时的风险态度不同将阻碍企业现金持

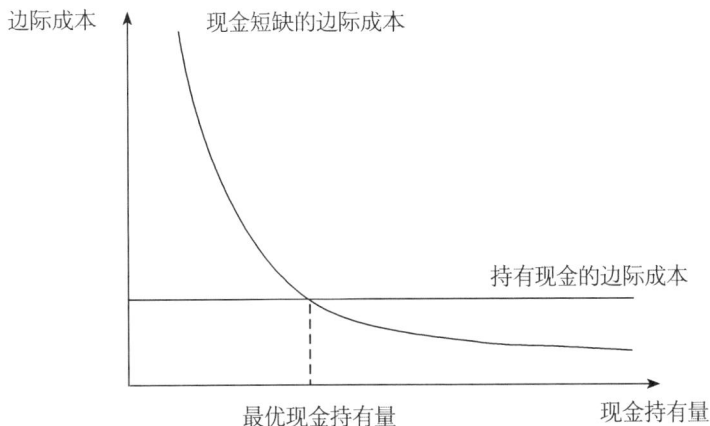

图 2-1　最优现金持有量

资料来源：OPLER T, PINKOWITZ L, STULZ R, et al.The determinants and implications of corporate cash holdings ［J］.　Journal of Financial Economics,1999,52（1）:3 - 46.

有量的变动。基于这一发现，中外学者在静态权衡理论的基础上将调整成本和偏离成本纳入分析之中，将"静态权衡理论"扩展成为"动态权衡理论"。现金持有的动态权衡理论认为，公司存在目标现金持有量，由于公司的内外部环境处在不断变化之中，不仅公司的实际现金持有量会上偏或下偏于目标现金持有量，公司的目标现金持有量也会随之改变。公司为了使现金持有的成本最低，给公司带来的经济效益最大，会利用各种投融资机会将实际现金持有量向目标现金持有量进行调整，而调整成本会影响这一调整过程，因此只能进行局部调整（Ozkan et al.，2004；连玉君和苏治，2008）。

### 2.2.2　现金持有动态调整速度的大小

中外学者通过构建标准的局部调整模型或修正的局部调整模型（Partial Adjustment Model）来分析现金持有量的动态调整过程，并通过逐步改进估计方法来合理估计现金持有量动态调整速度。局部调整模型是动态面板数据模型，其解释变量中包含被解释变量的滞后项。已有文献对动态面板数据模型采用了不同的估计方法，例如，在资本结构动态调整模型的估计中，Shyam-Sunder 和 Myers（1999）采用混合 OLS 进行估计。可是由于一系列不可观测的公司个体特征因素（如公司文化等）对公司的资本结构会产生重大影响（MacKay 和 Gordon，2005；Flannery 和 Rangan，2006）。因此，Flannery 和 Rangan（2006）采用了固定效应模型进行估计。由于解释变量中包含被解释变量的滞后项，导致动态面板数据模型存在内生性问题，使得采用混合 OLS 和固定效应估计方法得到的估计值是非一致性的，即混合 OLS 估计量上偏于其真实值，而固定效应估计量则下偏于其真实值（Roodman，2006）。基于此，Arellano 和 Bond（1991）提出"一阶差分广义矩估计（First-difference GMM）"（以下简称为"差分 GMM"）。但是，在一阶差分方程中，水平变量的滞后项都是弱工具变量，使得差分 GMM 估计量可能存在严重的小样本偏误（连玉君和苏治，2008）。因此，Arellano 和 Bover（1995）、Blundell 和 Bond（1998）进一步提出"系统广义矩估计（System GMM）"（以下简称为"系统GMM"）。相对于差分 GMM 估计量，系统 GMM 估计量能够充分地利用样本信息，因此其小样本偏误明显降低（Bond 和 Windmeijer，2002）。由此可见，估计方法的选择对合理估计现金持有量动态调整速度起到关键的作用。

中外学者采用不同的样本和估计方法对公司现金持有量动态调整速度的估计结果具有很大的差异性。

Opler et al.（1999）通过构建现金持有量均值回归模型进行研究，其研究结论表明，公司的现金持有量具有"均值回归"的特征。Opler et al.（1999）的研究是对现金持有动态调整研究的起步和基础。Guney et al.（2003）采用系统 GMM 方法估计现金持有量动态调整速度，研究发现德国、英国、日本和法国的 3 989 家上市公司均倾向于将现金持有水平调整至目标值。其中，英国公司的调整速度最快，调整速度为 0.6025；法国、德国和日本公司的调整速度相似，均在 0.56 左右。

Ozkan et al.（2004）以 1984—1999 年 1 029 家美国上市公司为样本，采用差分 GMM 方法估计现金持有量动态调整速度，研究发现英国公司调整速度为 0.605。当企业外部监管压力较小时，自利的管理者不愿意支付超额现金，且倾向于持有超过目标水平的现金。Dittmar 和 Duchin（2010）以 1965—2006 年 4 285 家美国上市公司为研究样本，分别采用混合 OLS、固定效应、系统 GMM 和长期差分（LD）方法估计现金持有量动态调整速度，研究发现美国上市公司的现金持有量动态调整速度很慢且企业间调整速度的差异很大，调整速度的变化范围为 0.22~0.43。Venkiteshwaran（2011）以 1987—2007 年 3 533 家美国制造业上市公司为研究样本，分别采用混合 OLS、固定效应和差分 GMM 方法估计现金持有量动态调整速度，研究发现差分 GMM 方法估计的现金持有量动态调整速度（0.5663）介于混合 OLS 方法估计结果（0.2906）和固定效应方法估计结果（0.6265）之间。

Ogundipe et al.（2012）以 1995—2009 年尼日利亚上市公司为样本，采用差分 GMM 方法估计现金持有量动态调整速度，研究发现尼日利亚公司的调整速度为 0.8925。Lew 和 Lim（2013）以 1998—2008 年韩国、中国台湾、日本的 1 237 家上市公司为样本，采用系统 GMM 估计现金持有量动态调整速度，研究发现日本上市公司的调整速度最快，调整速度为 0.6592，而台湾地区上市公司的调整速度最慢，调整速度仅为 0.3363。

国内学者对上市公司现金持有量动态调整速度的研究起步较晚，大部分学者仅采用单一的方法估计中国上市公司的现金持有量动态调整速度，而采用多种估计方法进行对比研究的成果相对较少。连玉君和苏治（2008）以 1998—2006 年 448 家我国上市公司为研究样本，分别采用混合 OLS、固定效应和系统 GMM 方法估计现金持有量动态调整速度，研究表明我国上市公司存在目标现金持有量，且系统 GMM 方法估计的现金持有量动态调整速度（0.489）介于混合 OLS 方法估计结果（0.394）和固定效应方法估计结果（0.648）之间。

焦瑞新（2009）以 2003 年 1 月至 2008 年 9 月 754 家中国上市公司为研究样本，采用混合 OLS 方法估计现金持有量动态调整速度，研究发现上市公司现金持有量动态调整速度仅为 0.1594。王春峰、黄晓彬和房振明（2010）以 1999—2006 年 487 家中国上市公司为研究样本，采用混合 OLS 方法估计现金持有量动态调整速度，研究发现我国上市公司现金持有量动态调整速度为 0.368。张名誉和李志军（2011）以 2007—2009 年 840 家中国上市公司为研究样本，采用系统 GMM 方法估计现金持有量动态调整速度，指出在考虑金融危机的影响后，中国上市公司现金持有量动态调整速度为0.391。

刘博研和韩立岩（2012）以1999—2006年中国A股上市公司为研究样本，通过构建动态面板数据模型，系统地研究了中国企业现金持有的动态调整机制，分别采用Fama-MacBeth回归、混合OLS、固定效应和系统GMM方法估计现金持有量动态调整速度，研究表明在我国资本市场中现金持有量动态调整的成本较高，Fama-MacBeth回归方法估计的上市公司现金持有量动态调整速度最低，调整速度为0.3287；系统GMM方法估计的现金持有量动态调整速度（0.4939）介于混合OLS方法估计结果（0.3362）和固定效应方法估计结果（0.6870）之间。

钟海燕和冉茂盛（2013）以2005—2008年812家中国上市公司为样本，构建现金持有局部调整模型研究上市公司现金持有动态调整行为，并采用固定效应方法估计现金持有量动态调整速度，研究发现上市公司现金持有量动态调整速度为0.426。吴慧香（2014）以2001—2011年740家中国上市公司为研究样本，采用差分GMM方法估计现金持有量动态调整速度，研究发现在考虑了宏观经济因素的影响后，上市公司现金持有量动态调整速度的变化范围为0.448~0.508。

中外研究成果中关于上市公司现金持有量动态调整速度的估计方法与估计结果见表2-1。

表2-1　中外上市公司现金持有量动态调整速度的估计方法与估计结果

| 作者（年份） | 样本 | 估计方法 | 估计结果 |
| --- | --- | --- | --- |
| Panel A：国外学者的研究成果 | | | |
| Guney et al.（2003） | 1983—2000年249家法国上市公司<br>1983—2000年489家德国上市公司<br>1983—2000年1 809家英国上市公司<br>1983—2000年1 442家日本上市公司 | 系统GMM | 调整速度为0.5585<br>调整速度为0.5559<br>调整速度为0.6025<br>调整速度为0.5615 |
| Ozkant et al.（2004） | 1984—1999年1 029家英国上市公司 | 差分GMM | 调整速度为0.605 |
| Dittmar和Duchin（2010） | 1965—2006年4 285家美国上市公司 | 混合OLS固定效应系统GMM长期差分（LD） | 调整速度的变化范围为0.22~0.43 |

续表

| 作者（年份） | 样本 | 估计方法 | 估计结果 |
|---|---|---|---|
| Venkiteshwaran（2011） | 1987—2007 年 3 533 家美国制造业上市公司 | 混合 OLS<br>固定效应<br>差分 GMM | 调整速度为 0.2906<br>调整速度为 0.6265<br>调整速度为 0.5663 |
| Ogundipe et al.（2012） | 1995—2009 年尼日利亚上市公司 | 差分 GMM | 调整速度为 0.8925 |
| Lew 和 Lim（2013） | 1998—2008 年 195 家韩国上市公司<br>1998—2008 年 397 家中国台湾上市公司<br>1998—2008 年 645 家日本上市公司 | 系统 GMM | 调整速度为 0.5606<br>调整速度为 0.3363<br>调整速度为 0.6592 |
| Panel B：国内学者的研究成果 | | | |
| 连玉君和苏治（2008） | 1998—2006 年 448 家中国上市公司 | 混合 OLS<br>固定效应<br>系统 GMM | 调整速度为 0.394<br>调整速度为 0.648<br>调整速度为 0.489 |
| 焦瑞新（2009） | 2003 年 1 月至 2008 年 9 月 754 家中国上市公司 | 混合 OLS | 调整速度为 0.1594 |
| 王春峰、黄晓彬和房振明（2010） | 1999—2006 年 487 家中国上市公司 | 混合 OLS | 调整速度为 0.368 |
| 张名誉和李志军（2011） | 2007—2009 年 840 家中国上市公司 | 系统 GMM | 考虑金融危机的影响，调整速度为 0.391 |
| 刘博研和韩立岩（2012） | 1999—2006 年中国 A 股上市公司 | FM<br>混合 OLS<br>固定效应<br>系统 GMM | 调整速度为 0.3287<br>调整速度为 0.3362<br>调整速度为 0.6870<br>调整速度为 0.4939 |
| 钟海燕和冉茂盛（2013） | 2005—2008 年 812 家中国上市公司 | 固定效应 | 调整速度为 0.426 |
| 吴慧香（2014） | 2001—2011 年 740 家中国上市公司 | 差分 GMM | 调整速度的变化范围为 0.448~0.508 |

注：LD 是 Hahn et al.（2007）提出的"长期差分"估计方法（Long Differencing）；FM 是 Fama-MacBeth（1973）提出的一种回归方法，主要用于对混合数据的回归，即先分年度计算出样本公司解释变量的回归系数，然后计算出所有年度解释变量回归系数的平均值。该回归方法的优点在于可以避免低估回归系数标准误。

资料来源：通过对国内外相关文献整理。

### 2.2.3 现金持有动态调整速度的非对称性

企业实际现金持有量高于目标现金持有量（上偏）时，表明企业现金持有超额，而企业实际现金持有水平低于目标现金持有水平（下偏）时，表明企业现金持有不足。现金持有动态调整速度的非对称性主要体现在企业实际现金持有量上偏和下偏于目标现金持有量时，现金持有量动态调整速度是不同的。Dittmar et al.（2010）研究发现，因为调整成本的作用，前者的现金持有动态调整速度快于后者的现金持有动态调整速度。但是 Zhan 和 Erik（2010）、Venkiteshwaran（2011）分别以 1980—2006 年美国上市公司和 1987—2007 年美国制造业上市公司为研究样本，研究发现前者的现金持有动态调整速度慢于后者的现金持有动态调整速度。

连玉君和苏治（2008）研究发现，因为调整成本的作用，上市公司的现金持有量并不是向着某一个固定目标值进行调整，而是向着一个目标范围进行调整，在这个范围内，现金持有的调整速度较慢。同时，由于现金持有超额公司和现金持有不足公司对财务风险的敏感度不同，两类公司的现金持有调整速度存在差异。具体来说，与现金持有不足公司相比，现金持有超额公司的现金持有调整速度较慢。

李国俊（2011）研究发现，当公司的现金持有水平低于目标值时，公司更加担心因资金短缺可能带来的财务困境，从而导致公司的现金持有水平低于目标值时的调整速度快于现金持有水平高于目标值时的调整速度。研究进一步发现，当公司超额持有现金时，公司管理者没有对超额现金的使用进行合理的规划，因此，超额现金的使用并未增加公司价值。

刘博研和韩立岩（2012）的研究得到了与连玉君和苏治（2008）、李国俊（2011）相似的结论：当公司超额持有现金时，管理者为了谋取个人私利，会滥用超额现金；当公司现金持有不足时，因资金短缺给公司带来财务困境的可能性加大。而后者比前者更能引起企业的重视，因此，公司的现金持有水平低于目标值时的调整速度快于现金持有水平高于目标值时的调整速度，并且统计过程表明系统 GMM 方法在动态面板模型估计中具有合理性。

### 2.2.4　现金持有动态调整速度的影响因素

中外学者并未对影响因素这一问题展开有针对性的系统研究，零星的研究结论分散于现金持有动态调整速度的研究成果中。中外学者的相关研究结论指出，公司现金持有偏离方向是现金持有动态调整速度的重要影响因素（Dittmar et al.，2010；Zhan 和 Erik，2010；Venkiteshwaran，2011；连玉君和苏治，2008；李国俊，2011；刘博研和韩立岩，2012 等）。

此外，中外学者主要从公司特征和融资约束两个角度研究现金持有量动态调整速度的影响因素。从公司特征角度，Dittmar et al.（2010）分析指出，公司现金持有量动态调整速度因公司特征因素的不同而出现差异性，公司治理水平较差、信用评级较低的公司调整速度较快。另外，公司规模也会对调整速度产生影响，相较于大规模公司，小规模公司的现金持有动态调整速度较快（Venkiteshwaran，2011）。

从融资约束角度，Venkiteshwaran（2011）分析指出，相较于非融资约束企业，融资约束企业的现金持有量动态调整速度较快。而国内学者就融资约束对现金持有量动态调整速度的影响展开了深入的研究，连玉君等（2010）分析指出，面临融资约束的公司进行外部融资比较困难且成本较高，为了应对未来现金流量的不确定性和抓住有利的投资机会，融资约束公司倾向于持有较多现金，且经过实证分析估计出融资约束公司的现金持有量动态调整速度为 0.617，而非融资约束公司的调整速度为 0.478。李国俊（2011）分析指出，在我国市场条件下，相较于非融资约束企业，融资约束企业现金持有量动态调整速度更快，更加积极地进行流动性管理。张名誉（2011）通过动态面板数据分析方法，分析中国上市公司在金融危机前后各个阶段的现金持有调整速度。分析指出，金融危机前融资约束公司现金持有量动态调整速度为 0.643，而非融资约束公司的调整速度为 0.523；金融危机后融资约束公司现金持有量动态调整速度为 0.423，而非融资约束公司的调整速度为 0.206。上述结论表明，在金融危机前后，相较于非融资约束公司，融资约束公司的现金持有量动态调整速度更快。同时，张名誉（2011）的研究还发现，不同类型公司在金融危机前和金融危机后，现金持有量动态调整速度不同，这从一个侧面表明动态调整速度受到宏观经济环境的制约。

## 2.3 ———————————— 现金持有的价值效应 ————————

现实资本市场由于信息不对称、代理成本和交易费用等因素的存在而并不完美，在投资机会、财务状况、经营风险等多方面因素的影响下，公司产生了不同的持有现金的动机。公司现金持有量的多少以及现金持有动机的不同将会对公司的投资决策产生不同的影响，进而对公司价值的影响也会不同。20世纪90年代，国外公司出现持有大量现金的情况。1998年末，Global Vantage Database 数据库列示的全球最大规模的公司持有1.5万亿美元的现金及现金等价物，约占这些公司资产账面价值的9%，且大于这些公司净资产市场价值的9%（Dittmar et al.，2003）。我国上市公司也普遍存在持有超额现金及现金等价物的现象（彭桃英、周伟，2006）。那么，公司现金持有超额对公司价值有什么影响？公司现金持有超额带来的经济后果是"价值创造"还是"价值毁灭"。

中外学者对现金持有价值效应的研究主要有以下两种途径：一是通过观察公司现金持有对公司业绩的作用来判断现金持有价值；二是通过比较单位现金持有的股东价值与其面值的大小来判断现金持有价值。但是这两种途径具有逻辑上的一致性，也就是说，如果公司的现金持有对公司绩效的效应为负，则意味着单位现金持有的股东价值小于其面值；反之，如果公司的现金持有对公司绩效的效应为正，则意味着单位现金持有的股东价值大于其面值。

### 2.3.1 现金持有的正面价值效应

在完美的资本市场中，公司可以无成本地从外部资本市场筹集资金，从而满足所有NPV为正的投资项目对资金的需求，因此，公司的投资无需依赖内部资金（Modigliani 和 Miller，1958）。

但是，现实资本市场由于信息不对称、代理成本和交易费用等因素的存在而并不完美，公司在外部资本市场进行融资时需要高额成本或者遭遇各种融资限制。Myers 和 Maljuf（1984）在放宽 MM 定理假设基础上，同时考虑了公司管理者与外部投资者之间信息不对称和交易费用两个因素，提出了融资优序理论（Pecking Order Theory）。融资优序理论认为，由于信息不对称，外部投资者会认为公司权益资产价格被高估而要求相应的溢价补偿，从而导致公司权益融资成本增加，因此，公司在投资时会首先选择成本最低的内部资金。但是，由于内部资金数量有限，为了避免投资不足，公司会通过外部资本市场筹集资金，先是进行低风险债务融资，然后才是成本最高的权益融资。同时，当公司持有的现金多于可获利投资项目的需求时，公司将会用多余的现金来偿还到期债务和积累流动资产。因此，如果公司的现金持有不足且现金流量短缺，将无法满足净现值为正的投资项目的需要，而公司有可能因为外部融资成本过高而无法筹集到投资项目所需的资金将被迫放弃良好的投资机会，从而产生投资不足的问题，使公司的业绩遭受损失。相反，当公司持有现金超额时，即使在公司现金流短缺时，仍然可以抓住有利的投资机会，为投资项目的顺利进行提供资金保障。因此，公司持有超额现金不仅能够降低公司的资本成本，还有利于公司抓住良好的投资机会，避免产生投资不足的问题，从而促进公司业绩的提高，对公司价值具有正向影响（Myers，1977；Myers 和 Maljuf，1984）。融资约束公司持有的现金对公司的投资决策及公司价值提升的贡献越大，现金持有价值越高。

Myers 和 Majluf（1984）基于信息不对称提出了财务松弛假说，财务松弛是指企业的现金及现金等价物之和。财务松弛不足的公司可能因为外部融资的高成本而放弃投资能够带来正的投资收益的项目，因此，对于股东来说，公司持有 1 美元现金的价值是超过 1 美元的。Czyzewski 和 Hicks（1992）研究发现，业绩好的公司通常超额持有现金，持有充裕的现金能够产生较高的资产报酬率。毕晓方和姜宝强（2010）通过实证研究发现，公司的财务松弛政策有利于提升公司的经营业绩，且这种正向影响在融资约束公司中更加显著。

Kim et al.（1998）的研究结论支持了"持有大量现金公司的特征与提高公司价值的动机总体上相一致"的观点。Pinkowitz 和 Williamson（2002）研究发现，公司股东对增加 1 美元现金持有（边际 1 美元现金持

35

有）的估计大约为1.20美元，超过1美元的面值，而且公司现金持有的价值受到增长期权的优劣、投资机会的质量和波动性、股东与债权人利益冲突的程度等因素的影响，研究并未发现公司在资本市场中的融资能力对现金持有价值的影响。因此，对公司现金持有价值产生影响的是公司的投资机会，而非融资机会。Pinkowitz 和 Williamson（2002）的研究结论支持了 Myers 和 Majluf（1984）的观点。

Mikkelson 和 Partch（2003）以美国连续5年持有的现金及现金等价物超过资产25%的上市公司为样本，并根据同规模、同行业选取相应的匹配样本，研究发现连续5年内样本公司的经营业绩相当于甚至超过匹配样本的经营业绩，这一结果无法通过管理层持股和董事会特征等反映管理者自利动机的变量加以解释。研究还发现，连续超额持有现金的公司其投资规模更大、研发支出更多且公司规模增长更快，有利于企业价值的提升。彭桃英和周伟（2006）研究发现，我国公司持有的超额现金对未来几年的公司业绩具有正方向影响。

### 2.3.2 现金持有的负面价值效应

现金持有融资优序理论是以"股东财富最大化"为原则，即隐含着"管理者与股东利益相一致"的假设。然而，由于现代企业存在所有权和控制权相分离的特点，公司管理者和股东之间是委托代理关系，两者之间的利益并不一致（Berle 和 Means，1932）。Jensen 和 Meckling（1976）指出股东与管理者之间存在代理冲突。基于委托代理理论，Jensen（1986）提出自由现金流假说，认为由于公司管理者的剩余索取权与剩余控制权不对称，管理者有动机通过公司的控制权为自己谋取私利，追求"私人利益最大化"。公司管理者为了追求个人私利倾向于持有更多现金，具体表现为以下三点：一是公司管理者为了巩固地位和既得利益，通过持有超额现金规避风险；二是公司管理者为了更加有弹性地追求自己的目标，倾向于持有更多的现金，而不愿通过股利的形式分配给股东；三是公司管理者通过持有大量现金逃避资本市场的监管。当公司拥有自由现金流时，公司管理者会通过职权将持有的超额现金用以能够增加薪酬和在职消费等活动来追求"私人利益最大化"，或者将持有的超额现金投资于不能创造价值的投资项目，从而造成过度投资，使公司价值遭受损失。因此，公司管理者为了追求"私人利益最大化"的现金超额持有行为严重损害了股东的利益，股东或外部投资者可以通过减少公司的现金持有量和限制管理者滥用现金的机会减轻委托代理问题（Jensen，1986；Stulz，1990）。持"公司现金持有超额对公司价值具有负向影响"这一观点的国内外研究成果相对较多。

Blanchard et al.（1994）以 11 家由于官司胜诉而获得大量意外现金的公司为样本，研究发现这些现金主要被用于绩效为负的并购交易。这一结论为管理者行为的代理模型提供了经验证据。Opler et al.（1999）研究指出，现金持有超额公司的投资增长速度低于现金持有不足公司的投资减少速度，这是由于现金持有超额公司并没有将超额现金投资于能够创造价值的新的投资项目，而是用以遮掩损失。

Harford（1999）在研究公司现金持有与并购的关系时发现，与其他公司相比，现金充裕公司发起并购的可能性更大，并且发起并购的现金充裕公司的股价在并购公告后出现下挫、经营业绩在并购后出现减少，这些迹象均表明现金充裕公司发起的并购交易并没有增加公司价值，反而使公司价值降低。Harford（1999）的实证分析结果为自由现金流假说（Jensen，1986）提供了经验证据。Schwetzler 和 Reimund（2003）研究发现，连续 3 年持有超额现金的德国上市公司的经营业绩低下，这一实证研究结果为代理理论提供了经验证据，表明管理者将自由现金流进行了非效率投资。Shin 和 Kim（2002）研究发现，与现金持有不足公司相比，现金持有超额公司更容易发生过度投资。

Faulkender 和 Wang（2006）的研究指出 Pinkowitz 和 Williamson（2002）的估计结果是有偏的。具体原因如下：一是在 Pinkowitz 和 Williamson（2002）的研究中为了降低异方差的影响，以公司的市场价值与账面价值之比作为被解释变量，但是公司的重置成本与其账面价值不同，以账面价值来替代重置成本会造成系数的有偏估计；二是公司价值可以用公司未来现金流量的折现来衡量，虽然 Pinkowitz 和 Williamson（2002）在模型中控制了影响公司未来现金流量的相关变量，但却没有考虑公司与公司之间的折现率存在差异，这也将导致估计结果有偏。基于以上分析，Faulkender 和 Wang（2006）借鉴 Daniel 和 Titman（1997）、Grinblatt 和 Moskowitz（2004）的研究方法，基于准长期事件研究法，实证分析了现金持有的边际价值。准长期事件研究法以公司的超额市场收益率作为被解释变量，不仅容易度量和解释，而且控制了风险因素的时间序列变化，并加入了现金持有交乘项。Faulkender 和 Wang（2006）对以下三个假设进行了实证检验：与持有现金多的公司相比，持有现金少的公司的现金持有边际价值较高；与财务杠杆低的公司相比，财务杠杆高的公司的现金持有边际价值较低；与融资约束程度低的公司相比，融资约束程度高的公司的现金持有边际价值较高。Faulkender 和 Wang（2006）的实证结果验证了提出的三个假设，并估计出公司的现金持有边际价值的均值约为 0.94 美元。

国内学者利用我国上市公司的相关数据，得出与国外学者类似的结论。陈雪峰和翁君奕（2002）研究发现，上市公司配股资金被管理者滥用，且现金持有超额公司现金持有量越多，公司的经营业绩越差，研究结论支持自由现金流的代理成本假说。顾乃康和孙进军（2008）研究发现，由于过度持有现金，我国上市公司已持有的现金价值低于面值，现金的价值仅为面值的一半或五分之三。张照南和杨兴全（2009）通过分析指出，现金持有量与公司价值在 1% 的置信水平上显著正相关，且通过改善公司治理环境能够显著提高公司现金持有的市场价值。姜宝强和毕晓方（2006）分析指出，公司超额现金持有与公司价值之间的关系随着公司代理成本的高低不同而变化，当公司现金持有量超过正常值时，高代理成本公司的超额现金持有与公司价值负相关，而低代理成本公司的超额现金持有与公司价值正相关。张凤和黄登仕（2008）通过分析发现，相较于现金持有不足公司，现金持有超额公司的投资效率和现金的使用效率较低。这表明，现金持有超额公司现金持有的动机主要体现为自利性动机；现金持有不足公司现金持有的动机主要体现为交易性动机和预防性动机。干胜道等（2008）、吴荷青（2009）研究发现，与现金持有不足公司相比，现金持有超额公司的公司业绩较差。张慧丽（2009）研究发现，现金持有超额公司更可能进行非效率投资，造成投资价值下降。王彦超（2009）、杨兴全等（2010）研究发现，与现金持有不足公司相比，现金持有超额公司更容易发生过度投资。

中外学者除了对现金持有的价值效应进行直接研究外，还从投资者保护程度、公司治理水平、融资约束、经营多元化等多个视角对现金持有的价值效应展开研究。

### 1）投资者保护程度

Pinkowitz et al.（2003）研究了不同国家投资者保护程度对现金持有边际价值的影响，指出投资者保护水平高的国家，其小股东对 1 美元现金持有的估计等于面值，而投资者保护水平低的国家，小股东对 1 美元现金持有的估计少于 0.65 美元，这一研究结论支持了代理成本理论。Pinkowitz et al.（2006）通过分析指出，在股东权益保护水平低的国家和地区，企业的现金持有水平与企业价值不存在显著关系，而股东权益保护水平高的国家和地区，企业的现金股利与企业价值不存在显著关系。Kalcheva 和 Lins（2007）从国家对股东的保护程度和股东与管理者之间的委托代理关系两个层面来研究企业的现金持有与企业价值的关系，指出在国家对股东权益保护不到位的情况下，拥有控制权的管理者持有的现金越多，企业价值越低；反之，拥有控制权的管理者向股东支付现金股利越多，企业价值越高。在国家加强对股东权益保护时，拥有控制权的管理者的现金持有量与企业价值无关。

### 2）公司治理水平

Dittmar 和 Mahrt-Smith（2007）通过分析发现，治理水平低的公司其增加 1 美元现金持有的价值低于面值；治理水平高的公司其增加 1 美元现金持有的价值超过治理水平低的公司的一倍。同时，研究还发现，与治理水平高的公司相比，治理水平低的公司更可能将超额现金浪费在有损企业价值的投资项目上。因此，公司治理水平低，公司持有的超额现金价值就低。Harford et al.（2008）研究发现，公司治理水平低的公司更愿意将现金用于资本支出和并购交易，而不愿意进行研发支出。因此，公司治理水平越低，公司价值越低，当公司超额持有现金时这种关系更加显著。

### 3）融资约束

根据放宽 MM 定理假设，公司不管进行内部融资还是外部融资，都不会影响其价值。因此，对于公司来说两者没有差异，可以无差别地替代。可是，现实资本市场由于信息不对称、代理成本和交易费用等因素的存在而并不完美，造成公司外部融资成本大大高于内部融资成本，公司从节约成本的角度考虑将会更多地依赖成本较低的内部融资的资金进行投资。但是，当公司没有足够的内部资金支持投资需求时，不得不寻求各种外部融资方式来筹集更多资金，这时外部融资附带的各种成本、限制等障碍就摆在了企业面前，形成了融资约束问题。

虽然持有一定量的现金能够抓住有利的投资机会，但是面临融资约束的公司进行外部融资比较困难且成本较高。因此，与非融资约束公司相比，融资约束公司的现金持有边际价值较高（Faulkender 和 Wang，2006；Dittmar 和 Mahrt-Smith，2007；Denis 和 Sibilkov，2010）。Faulkender 和 Wang（2006）。进一步研究发现，融资约束企业的现金持有边际价值会随着企业现金持有量的增加而递减，相较于非融资约束企业和其他融资约束企业，投资机会较多且现金持有量较少的融资约束企业的现金持有边际价值较高。

国内学者在研究融资约束对我国公司现金持有边际价值的影响时，得到了与国外学者类似的结论。况学文等（2009）研究发现，由于现金持有量能够提高融资约束公司的投资水平，缓解潜在的投资不足，因此，融资约束公司的现金持有价值高于非融资约束公司。袁卫秋（2014）认为，与非融资约束公司相比，融资约束公司的投资行为更有效率，因此，融资约束企业增加单位现金持有的价值较高。

### 4）经营多元化

中外学者对于公司经营多元化与现金持有价值之间关系的研究结论并不统一，主要包括以下两种：一是由于股东与管理者之间的代理冲突导致公司多元化经营与现金持有价值负相关。Harford（1999）、Lamont 和 Christopher（2001）研究发现，现金持有超额公司更倾向于进行多元化投资，造成公司的长期绩效下降。Tong（2011）通过分析指出，相较于专业化经营的公司，多元化经营的公司无论其面临的融资约束的高低程度如何，公司的现金持有价值均较低。对于治理水平低的公司，多元化经营与现金持有价值负相关；对于治理水平高的公司，多元化经营对现金持有价值没有显著影响。Subramaniam et al.（2011）认为，与专业化经营的公司相比，多元化经营的公司组织机构较复杂，股东与管理者之间的代理冲突将会更突出，为了谋取个人私利，公司管理者可能会将超额现金用于不能增加股东财富的投资中，导致现金持有价值较低。同时，对于投资者保护程度较差的公司，经营多元化与现金持有价值负相关。

二是，多元化经营对现金持有价值不存在显著影响。袁淳等（2010）通过分析指出，公司的多元化经营对现金持有价值不存在显著影响，将样本公司按大股东持股比例进行分组后进一步研究指出，对于大股东持股比例高的样本公司，多元化经营能够显著提高其现金持有价值，其原因是大股东持股比例较高能够对管理者行为进行有效监督和约束，使内部资本市场效率得以提高。

## 2.4　　　　　　　　公司并购动因理论

并购不仅是我国资本市场上最重要的社会资源重新配置的手段之一（刘淑莲，2010），也是公司重要的投资行为。目前，学术界主要从效率理论、管理者自大假说和委托代理关系三个角度研究企业发动并购的原因和目的，形成三种并购动因理论：协同效应理论（Synergy Effect Theory）、过度自信理论（Overconfidence Hypothesis）和代理理论（Agency Theory）。

### 2.4.1　协同效应理论

20世纪60年代，美国战略管理学家Ansoff将协同的理念引入企业管理领域，协同理论成为西方公司制定多元化经营战略和发动并购重组的理论依据和重要驱动力。Ansoff在《公司策略》（Corporate Strategy）一书中提出："协同就是公司通过判别自身能力与机遇的匹配关系来成功地开拓新的事业，而协同效应是公司的整体效益大于各个独立组成部分效益之和的效应。"Ansoff（1965）指出，协同是公司战略的四要素之一，包括销售协同（Sales Synergy）、运营协同（Operating Synergy）、投资协同（Investment Synergy）和管理协同（Management Synergy）。

　　并购协同效应理论又称效率理论，认为公司发动并购能够通过并购双方资源、技术、知识、管理能力的共享和转移获得协同效应，实现并购后公司的产出大于并购前两个公司各自的产出之和，即1+1>2，从而实现效率上的改进，因此，公司并购对整个社会来说是有益处的。协同效应理论是公司间纵向并购的理论基础，对于并购公司来说，协同效应主要包括经营协同效应、财务协同效应和管理协同效应等方面（Weston et al.，2001）。

　　经营协同效应是指并购改善了公司的生产经营，使生产经营活动方面的效率得到提高，从而带来公司效益的增加。经营协同效应主要体现在以下方面：一是规模经济效应。公司通过横向并购使生产和经营规模扩大，单位产品所承担的固定成本下降，从而提高公司利润，实现并购的规模经济效应。Pratten（1971）认为，并购的重要动机是追求规模经济效应，而非垄断动机。二是范围经济效应。纵向并购可以减少产品流转的中间环节，降低交易费用，并且能够实现技术上的互补，有利于进行协作化生产，实现纵向并购的范围经济效应（Arrow，1975；Klein et al.，1978）；混合并购的范围经济性主要体现在经营风险分散的经济性和商标、研发机构、营销网络、物流系统、管理经验等方面的共享所带来的经济性（Weston et al.，2001）。Slusky和Caves（1991）认为，同行业内公司并购的动因最有可能的是为了实现经营协同效应。

　　财务协同效应是指并购给公司在财务方面带来的效益。Trautwein（1990）认为，并购通过降低公司的资本成本实现财务协同效应，主要体现在以下三个方面：一是通过投资非相关行业以降低公司投资组合的系统风险；二是并购扩大了公司的规模，使公司能够更容易获得融资成本较低的资金；三是通过并购构建内部资本市场，与外部资本市场相比，内部资本市场不仅在获取信息和监督管理者方面更有优势，而且在资源配置上更有效率。郭永清（1998）认为，财务协同效应不是通过提高效率产生的，而是由于并购双方在税法上的纳税差异、会计处理和证券交易等规定的作用而产生的，主要体现为合理避税和预期效应。合理避税是并购后的公司利用被并购公司的税收优惠政策或者亏损的税收抵扣[①]，进而实现税收方面的节约。预期效应是指公司通过并购交易影响股票市场对公司股票的评价，进而引起股票价格的波动。

管理协同效应主要指的是并购给公司的管理活动在效率方面带来的变化及效率的提高所产生的效益。Willimson 和 Klein（1975）提出，公司并购的主要动因是公司管理效率的差异，公司的管理能力超出了本公司管理的要求时，可以采用并购其他公司的方式实现"管理的溢出"。也就是说，当公司拥有高效且过剩的管理资源时，为了充分利用管理资源，公司会选择资产状况良好但由于管理不善而业绩较差的公司作为并购的目标，在使主并公司管理资源得到充分发挥的同时，也使目标公司的管理效率得到提高，将主并公司的有效率管理和目标公司的非效率资本有机地结合起来，从而实现"双赢"的协同效应（Servaes，1991）。

20 世纪 80 年代，国外学者运用异常收益法研究并购协同效应对并购双方股东财富的影响，形成了以下结论：一是相关研究关于被并购公司股东收益的研究结论基本一致，即被并购公司股东在并购交易中获得了收益，研究结论的差异主要体现在被并购公司股东获得的收益多少不同（Jensen 和 Ruback，1983；Jarrell et al.，1988；Bradley et al.，1988；Schwert，1996）；二是相关研究发现，主并公司股东从并购交易中获得的收益为正（Jensen 和 Ruback，1983；Jarrell et al.，1988）；三是并购双方在并购后总的事件收益为正（Bradley et al.，1988；Berkovitch 和 Narayanan，1993）。但是，Silower（2001）研究发现，主并公司对并购交易能够带来协同效应的估计过于乐观，从而支付了较高的溢价，导致并购事件总的收益为负。Andrew（2000）研究发现，在一定程度上，并购协同效应的实现由并购交易完成后并购双方共享的内容决定，包括企业形象、业务行为和知识技能等方面的共享。因此，并购协同效应对股东财富的影响可能是正面的，也可能是负面的。

20 世纪 90 年代，国内学者对并购协同效应展开深入研究。在基础理论方面，许明波（1997）阐述了并购财务协同效应的主要表现形式，包括

---

① 根据《中华人民共和国企业所得税法》的规定："被合并企业合并前的全部企业所得税纳税事项由合并企业承担，以前年度的亏损，如果未超过法定弥补期限，可以由合并企业继续按规定用以后年度实现的与被合并企业资产相关的所得弥补。"

合理避税效应、预期效应等；陆玉明（1999）探讨了不同类型并购中的经营协同效应；刘文纲（1999）分析了无形资产在实现并购协同效应中的作用；王长征（2002）从企业价值链角度将并购协同效应划分为纯粹增加效应、加强效应、转移与扩散效应和互补效应，并探讨了通过价值链重组实现并购协同效应的途径。在经验研究方面，夏新平和宋光耀（1999）详细探讨、计算并购协同效应的内部计算模型和外部市场计算模型，并对两者进行了比较分析。张秋生和王东（2001）提出了分部加总模型，对公司并购中的经营协同效应、财务协同效应和管理协同效应进行量化分析。唐建新和贺虹（2005）研究发现，公司并购在短期内实现了协同效应，但主并公司和目标公司的长期绩效并未得到提高。吕长江和韩慧博（2014）研究发现，并购中的业绩补偿承诺能够促进并购协同效应的实现。

### 2.4.2　过度自信理论

　　过度自信属于心理学范畴，通常是指人们过高地估计自身的知识、能力以及掌握的信息的准确性，且过低地估计潜在风险的一种心理现象（Nofsinger，2005；陈其安和刘星，2005）。Roll（1986）最早从管理者过度自信的视角研究公司并购行为，他认为，由于对目标公司的错误估价和对并购协同效应的乐观估计，过度自信的管理者更倾向于发动并购。中外学者的大量研究成果支持了 Roll（1986）的观点，如 Brown 和 Sarma（2007）、Malmendier 和 Tate（2008）、傅强和方文俊（2008）、雷辉和吴婵（2010）、史永东和朱广印（2010）、肖峰雷等（2011）、谢玲红等（2012）等。但是，姜付秀等（2009）研究发现，管理者过度自信与并购可能性之间并不存在显著关系。

　　正是由于主并公司管理者在并购交易过程中过于乐观和自负，在并购中高估了目标公司的价值，支付了较高的溢价，使得主并公司的股东财富受到损失，而目标公司股东财富在并购中得到增加（Roll，1986）。Berkovitch 和 Narayanan（1993）指出，过度自信管理者发动并购的原因是对目标公司的错误估价，使得并购后总的事件收益为零。Lys 和 Vincent（1995）通过对 AT&T 并购 NCR 的案例进行分析发现，并购后公司价值的损失与管理者的过度自信有关。Hayward 和 Hambrick（1997）、Kaplan et al.（2003）研究发现，管理者过度自信程度越大，并购溢价越高。Gervais et al.（2003）研究发现，过度自信的管理者并不会通过并购追求额外激励。Malmendier 和 Tate（2005）研究指出，市场对过度自信管理者发动的并购交易的反应是消极的，且这种并购交易会导致公司价值受到损害；Xia et al.（2006）、Malmendier 和 Tate（2008）进一步研究发现，过度自信管理者发动的并购交易会损害主并公司的股东财富，但会增加目标公司的股东财富，这与 Roll（1986）的研究结论一致。吴超鹏等（2008）研究发现，管理者过度自信与连续并购绩效显著负相关。

### 2.4.3　代理理论

自 Berle 和 Means（1932）提出"企业所有权与控制权相分离"的观点开始，企业股东与管理者的关系、管理者的行为等话题成为广大学者研究的焦点。Jensen 和 Meckling（1976）指出，在企业所有权和控制权分离情况下，企业的股东与管理者之间是委托–代理关系，由于股东和管理者的效用函数不同，管理者为了实现个人私利最大化，从而做出有悖于股东财富的决策，产生代理冲突。公司并购的代理动因认为，公司管理者发动并购的目的是为了获得私利的最大化，而不是为了实现股东财富最大化。国外学者对并购的代理动因的解释主要包括以下方面：

#### 1）建造公司帝国

随着公司规模的扩大，公司管理者能够控制更多的资源并拥有更多的权力，不仅能够提高自己的薪酬水平，还能在投融资活动、职位分配过程中扩大寻租空间，因此，公司管理者倾向于建造公司帝国，倾向于频繁地发动并购等大规模投资活动（Baumol，1959；Marris，1964；Donaldson，1984；Jensen，1993）。Mueller（1969）研究发现，公司规模是影响公司管理者薪酬的主要因素，公司管理者为了增加收入，有强烈的动机通过并购等投资活动来扩大公司的规模，而不会关心并购等投资活动能够给公司和股东带来多少收益。Fus（1980）研究发现，主并公司的管理者在公司发动成功并购后两年内收入增加33%，而那些没有发动成功并购的公司，管理者的收入在同一时间段内只增加了20%。

45

### 2）多元化经营

公司管理者为了分散公司的经营风险和自身的职业风险，倾向于进行多元化经营（Amihud 和 Lev，1981），而并购是公司实现多元化经营的重要途径。Morck et al.（1990）研究发现，多元化并购的并购绩效较差，表明公司管理者出于自利性动机而发动并购。Shleifer 和 Vishny（1989）认为，公司管理者为了巩固自身在公司的地位并体现其重要性，在并购等投资活动中倾向于选择体现其专长的项目。

### 3）自由现金流

Jensen（1986）指出，自由现金流是"满足所有净现值大于零的投资项目所需的资金后多出的那部分现金流量，而投资项目的净现值是以相关的资本成本为折现率计算出来的"。Jensen（1986）认为，只有将自由现金流以股利的形式支付给股东，才能使股东财富最大化。但是，公司管理者并不愿意这么做，其原因是如果管理者将自由现金流支付给股东，就会减少公司管理者可控制的资产，增加管理者的职业风险。因此，自由现金流的使用成为公司股东和管理者代理冲突的又一体现，公司管理者有动机滥用自由现金流，将其用于不能增加股东价值的交易中。Jensen（1986）的研究还发现，当公司存在自由现金流时，管理者倾向于将其用于发动并购。大部分发动并购的公司在并购前有较好的经营业绩，公司管理者利用充足的自由现金流去并购经营不善的公司或进行多元化并购，使得并购后公司的业绩急剧下降，并购绩效低下。Jensen（1986）用20世纪70年代到80年代美国石油行业的并购案例验证了公司管理者、自由现金流和并购交易三者之间的关系。

中外学者研究发现，基于代理动因发动的并购交易会损害主并公司的价值，并购绩效低下，但是会增加主并公司管理者的报酬。Firth（1980）研究发现，公司并购使目标公司股东和主并公司的管理者获利，而主并公司的股东收益却遭受损失。这一结论在一定程度上表明，主并公司管理者出于自利动机发动并购。Morck et al.（1990）研究发现，多元化并购的并购绩效较差，表明公司管理者出于自利性动机而发动并购。Berkovith 和 Narayanan（1993）指出，并购代理动因有助于解释并购后主并公司以及并购双方股东综合价值为负的现象。张新（2003）以1993—2002年我国上市公司发生的并购重组事件为样本，通过实证研究发现，公司并购通过协同效应的实现为目标公司创造价值，而过度自信动因和代理动因能够解释主并公司的股东财富遭受损失。张鸣和郭思永（2007）、陈庆勇和韩立岩（2008）等学者研究发现，中国上市公司的高管有强烈的动机通过并购交易来增加自己的薪酬水平。陶军（2008）以 2001—2005 年我国上市公司发动并购交易的公司为样本，研究发现主并公司股东与管理者之间的代理问题是主并公司价值遭受损失的重要原因之一，且容易引发代理冲突的主并公司特征之一是具有较高的自由现金流量。李善民等（2009）以1999—2007 年我国 A 股上市公司为样本，研究公司高管发动并购交易与谋取个人私有收益之间的关系，通过实证研究发现，公司高管通过发动并购交易可以获得更高的薪酬水平和更多的在职消费，并购已经成为中国上市公司高管谋取个人私有收益的机会主义行为。中国上市公司高管薪酬制度与国外的制度环境不同，管理者发动成功的并购交易后并不能获得一次性奖励性薪酬，这进一步加剧了高管通过发动并购交易谋取其他替代性私有收益的行为，如扩大在职消费的动机。

47

## 2.5 —————————— 现金持有与公司并购 ——————————

Jensen 和 Meckling（1976）指出，在企业所有权和控制权分离情况下，企业的股东与管理者之间是委托-代理关系，股东和管理者的效用函数不同，管理者会追求个人私利最大化，从而做出有悖于股东财富的决策，产生代理冲突。由于股东和管理者之间的契约不完备和信息不对称，股东不得不为管理者的错误决策而造成的损失"买单"。从提高效率的角度来说，当公司的现金流量超过投资净现值为正的项目所需时，应当将剩余的现金流量以股利的形式支付给股东，但是管理者宁愿将自由现金流运用于并购等大型的投资项目中，从而通过扩大公司规模增加其可控制的资源和个人私利（Jensen，1986）。Shleifer 和 Vishny（1989）的研究也表明，公司管理者倾向于将公司的资源用于能够增加个人私利的投资项目，而非用于实现公司价值最大化的投资项目。

公司现金持有及动态调整研究

现金持有不足公司需要从外部资本市场筹集一部分资金，用于正常的生产经营和能够增加股东财富的投资项目。因此，公司可供管理者支配的现金储备量就非常小，甚至于没有多余的闲置资金，在这种情况下，管理者为了谋取个人私利进行盲目投资的可能性就较小。Jensen（1986）进一步分析指出，公司持有适当比例的负债能够缓解股东与管理者之间的代理冲突，增加公司价值。首先，当公司持有适当比例的负债时，公司每年就需要以一定量的现金偿还债权人本金和利息，从而减少了可供公司管理者支配的现金储备；其次，债务契约中的限制性条款对管理者将资金用于非效率投资项目能够起到一定的约束作用。因此，公司持有适当比例的负债能够加强债权人对公司管理者行为的监督，降低了管理者为谋取个人私利而盲目进行并购的可能性。这从侧面表明，现金持有不足公司的管理者进行"价值毁灭"并购投资的可能性较低。相反，负债水平较低公司的管理者受到债权人监督的压力较小，从而进行损害公司价值的并购交易的可能性就较大。这也从侧面反映了现金持有超额公司的管理者为了谋取个人私利进行"价值毁灭"并购投资的可能性较高。

在Jensen（1986）提出了自由现金流假说并对其进行详细分析之后，Harford（1999）、Haleblian和Finkelstein（1999）、Oler（2008）等众多国外学者以美国上市公司的大型并购交易为样本对自由现金流量的代理成本进行实证检验。Harford（1999）依据公司现金需求量的不同，对研究样本进行分组，即现金持有充裕公司和其他公司，研究了相对于公司现金需求的主并公司现金持有状况对并购决策、并购绩效的影响。Harford（1999）在研究企业现金持有与并购的关系时发现，与其他公司相比，现金充裕公司发起并购的可能性更大，并且发起并购的现金充裕公司的股价在并购公告后出现下挫、经营业绩在并购后出现减少。这些迹象均表明，现金充裕公司发起的并购交易并没有增加公司价值，反而使公司价值降低。与Harford（1999）的研究结论相似，Haleblian和Finkelstein（1999）研究发现，主并公司的自由现金流越多，主并公司的股东获得的收益越低。Oler（2008）进一步研究发现，主并公司并购前的现金持有量对并购后的绩效具有较强的预测性，且主并公司并购前的现金持有量与并购绩效显著负相关。国内学者王培林等（2007）以1999—2002年中国上市公司的大型并购交易为样本研究自由现金流的代理成本问题，研究发现公司管理者为了谋取个人私利将自由现金流用于低效率的并购项目上。中外学者以并购交易为视角研究代理成本问题时，均是以并购首次公告日前后若干个交易日公司股票价格的累计超额收益率（CAR）为被解释变量，即研究公司自由现金流量或现金持有量对累计超额收益率的影响。如果公司自由现金流量或现金持有量与累计超额收益率显著负相关，则表明自由现金流量充沛的公司或现金持有超额公司的管理者倾向于把资金浪费在不能增加股东财富的并购项目上。

Hubbard 和 Palia（1999）通过分析指出，现实资本市场由于信息不对称、代理成本和交易费用等因素的存在而并不完美，当公司没有足够的内部资金支持投资需求时，不得不寻求各种外部融资方式来筹集更多资金，这时外部融资附带的各种成本、限制等障碍就摆在了公司面前，形成了融资约束问题。为了减轻因为融资约束而带来的投资不足等窘境，公司通过发动并购形成内部资本市场，达到减少对外部资金依赖性的目的。吴红军（2006）以中国上市公司为研究样本，得到了与 Hubbard 和 Palia（1999）相似的观点，融资约束公司倾向于通过并购交易使公司集团化发展，形成内部资本市场，增加内部可利用资金，减少对外部资金的依赖性。从 Hubbard 和 Palia（1999）、吴红军（2006）的研究结论中可以总结出，并购与现金持有之间的另一层关系：公司通过并购形成内部资本市场，内部资本市场是公司传统融资方式的一种有益补充，有助于缓解外部融资约束，从而成为公司现金持有量调整的重要路径之一。可见，作为公司重要的投资行为，并购是公司调整现金持有量的重要方式之一。

中外学者的研究成果还进一步证实了公司的现金持有量对并购对价方式及融资方式的选择具有重要影响。Jensen（1986）认为，有大量自由现金流的企业在并购中会选择现金对价方式。Martin（1996）分析指出，公司拥有高额的现金持有量或充裕的现金流量时，在并购交易中越有可能使用现金支付。Alshwer et al.（2011）在分析现金持有量对并购对价方式选择的影响时，结合了公司所面临的融资约束程度，实证结果表明，融资约束公司的现金持有量越大，在并购交易中越有可能选择现金对价方式；非融资约束公司的现金持有量对并购对价方式的选择并无显著影响。Martin

49

（1996）、Alshwer et al.（2011）的研究都没有结合公司的正常现金需求量，片面强调公司的现金持有绝对量或现金持有率的提高能够增加公司在并购交易中选择现金对价方式的可能性。Myers 和 Majluf（1984）研究发现由于交易成本和信息不对称成本的存在，外部融资方式（权益融资和债务融资）的资本成本高于内部融资方式（自有资金）。因此，相对于外部融资方式，公司会优先选择内部融资方式。Martynova 和 Renneboog（2009）、翟进步等（2012）分析指出，由于内部融资方式（自有资金）的融资成本最低，当公司的现金持有量较多时，在并购中更可能采用自有资金作为融资方式。

## 2.6　　　　　　　　　　　　　文献述评

　　并购不仅是我国资本市场上最重要的社会资源重新配置的手段之一（刘淑莲，2010），也是公司重要的投资行为。涉及现金持有与并购关系的相关文献，探讨的焦点主要集中在公司现金持有量对并购交易的影响方面，如主并公司的现金持有量对并购决策、并购对价方式、并购融资方式和短期并购绩效具有重要影响（Myers 和 Majluf，1984；Jensen，1986；Martin，1996；Harford，1999；Haleblian 和 Finkelstein，1999；Oler，2008；王培林等，2007；Martynova 和 Renneboog，2009；Alshwer et al.，2011；翟进步、王玉涛、李丹，2012）。但是，现有的国内外相关文献忽视了并购事件对公司现金持有量的影响。作为公司重要的投资行为，并购是公司调整现金持有量的重要方式之一，通过并购事件可以追踪到公司的现金持有量的变化，以此分析公司现金持有量的调整行为。因此，本书以我国上市公司发生的并购交易为机会事件，通过构建现金持有量均值回归模型和现金持有量动态调整模型分析目标现金持有量的存在性及现金持有量的动态调整行为，并以此作为划分现金持有超额公司和现金持有不足公司的理论基础和实践方法。

　　国内外已有文献分别从调整速度的大小、非对称性和影响因素等方面对现金持有动态调整展开了深入、细致的研究，这为本书检验目标现金持有量存在性时设定模型、选取变量以及选择估计方法提供了重要的依据。由于现金持有量动态调整模型中包含被解释变量的一阶滞后项，因此该模型存在内生性问题，使得采用混合OLS和固定效应估计方法得到的估计值是非一致性的。基于此，Arellano 和 Bond（1991）提出"一阶差分广义矩估计（First-difference GMM）"，Arellano 和 Bover（1995）、Blundell 和 Bond（1998）进一步提出"系统广义矩估计（System GMM）"。为了克服差分GMM估计量可能存在严重的小样本偏误（连玉君和苏治，2008），充分利用样本信息，本书主要采用系统GMM方法来估计现金持有量动态调整模型。同时，为了增强检验结果的稳健性，本书分别采用混合OLS和固定效应来估计现金持有量动态调整模型，以得到被解释变量滞后项回归系数真实值的合理区间（Roodman，2006）。

　　由于信息不对称、代理成本和交易费用等因素的存在使得现实资本市场并不完美，在投资机会、财务状况、经营风险等多方面因素的影响下，企业因流动性需求、自利和避税等动机促使其持有一定量的现金。那么，现金持有对企业价值有什么影响？企业超额现金持有带来的经济后果是"价值创造"还是"价值毁灭"。中外学者主要从观察公司现金持有量对公司业绩的影响和比较单位现金持有的股东价值与其面值的大小两个方面来分析公司现金持有的价值效应，并形成了两种截然相反的观点：一是公司现金持有对公司价值具有正向影响（Myers，1977；Myers 和 Maljuf，1984；Mikkelson 和 Partch，2003；彭桃英和周伟，2006；毕晓方和姜宝强，2010）；二是公司现金持有对公司价值具有负向影响（Jensen，1986；Stulz，1990；Opler et al.，1999；Harford，1999；Lamont 和 Christopher，2001；Shin 和 Kim，2002；Schwetzler 和 Reimund，2003；Dittmar 和 Mahrt-Smith，2007；张凤和黄登仕，2008；干胜道等，2008；吴荷青，2009；王彦超，2009；张慧丽，2009；杨兴全等，2010）。

　　并购交易是公司重要的投资行为，基于"事件研究"的方法，通过研究现金持有超额公司的并购决策及短期并购绩效能够为现金持有经济后果的研究提供有力的证据（Harford，1999；Haleblian 和 Finkelstein，1999）。如果仅从并购决策和短期并购绩效（以并购首次公告日前后若干

51

个交易日公司股票价格的累计超额收益率（CAR）来衡量）两个方面来研究企业现金持有超额的经济后果，就会忽视现金持有超额公司发动并购的真正意图，从而无法正确分析公司现金持有超额的经济后果。因此，本书将从多个角度对公司现金持有超额的经济后果展开研究。

# 第 3 章

# 并购事件特征分析

　　为了对本书后续章节的实证研究奠定数据分析基础，本章对并购事件的特征进行分析，具体内容安排如下：3.1节从时间特征的维度对并购事件特征进行描述性统计分析；3.2节从行业特征的维度对并购事件特征进行描述性统计分析；3.3节从产权特征的维度对并购事件特征进行描述性统计分析；3.4节为本章小结。

　　为了研究主并公司的现金持有状况对长期并购绩效的影响、并购前后主并公司现金持有量的特征以及公司现金持有量的动态调整，本书研究所选取的并购事件区间为2008—2011年。并购相关数据来自国泰安数据库中的中国上市公司并购重组研究数据库，对于该数据库中缺失的并购相关数据主要通过巨潮资讯网站、上海证券交易所和深圳证券交易所公布的年度报告信息进行补充。

　　本章对于并购事件的初步筛选标准如下：（1）由于非上市公司相关数据难以取得，因此仅保留主并公司是上市公司的并购事件；（2）仅保留交易成功的并购事件；（3）将上市公司并购行为限定为资产收购、股权转让和吸收合并，不包括资产剥离、资产置换、债务重组和股份回购等广义形式的并购活动。

## 3.1 ——————————— 时间特征 ———————————

### 3.1.1 并购事件时间特征

表3-1列示了对国泰安数据库中的并购事件进行初步筛选后得到的2008—2011年的并购基本数据：2008—2011年并购事件共有5 791笔，其中，资产收购交易5 619笔，占并购事件总记录的比例为97.03%；股权转让交易62笔，占并购事件总记录的比例为1.07%；吸收合并交易110笔，占并购事件总记录的比例为1.90%。

表3-1 　　　　　　　　　　　　　**并购事件时间特征分析**

| 年度 | 资产收购 | 股权转让 | 吸收合并 | 合计 |
|---|---|---|---|---|
| 2008 | 1 336 | 14 | 19 | 1 369 |
| 2009 | 1 173 | 30 | 21 | 1 224 |
| 2010 | 1 541 | 8 | 42 | 1 591 |
| 2011 | 1 569 | 10 | 28 | 1 607 |
| 合计 | 5 619 | 62 | 110 | 5 791 |

从表3-1中可以看出，相比2008年，2009年并购交易有小幅下降，下降比例为1.06%；相比2009年，2010年并购交易出现29.98%的较大幅度增长；2011年并购交易比2010年增加了16笔。表3-1的数据表明，我国的并购市场受到全球金融危机的冲击，2008年和2009年的并购交易数量出现小幅下降。但是与此同时，我国初步形成了以《中华人民共和国公司法》《中华人民共和国证券法》为基础，以《上市公司收购管理办法》为主体，以国务院及其他部门规章①和规范性文件②为补充的企业兼并重组的法律框架，为企业的兼并重组提供了有力的法律保障和政策支持，促进了

---

① 为了加快调整优化产业结构，促进企业兼并重组，2010年9月6日，国务院印发了《国务院关于促进企业兼并重组的意见》（以下简称《意见》），并详细列示出促进企业兼并重组任务分工表，《意见》指出要以汽车、钢铁、水泥等六大行业为重点，推动优势企业强强联合和兼并重组，同时提出了财税、金融、资本市场、土地等方面扶持企业兼并重组的具体措施，强调要消除企业兼并重组的制度障碍，改进对兼并重组的管理和服务。

② 2009年4月30日，财政部和国家税务总局发布了《关于企业重组业务企业所得税处理若干问题的通知》，2010年7月26日，国家税务总局发布了《企业重组业务企业所得税管理办法》，这些文件的发布不仅规范了企业并购重组的所得税征收管理，还降低了企业并购重组的税务负担，为企业并购重组业务的发展进一步扫清障碍。

2010 年经济复苏后中国公司并购交易数量的较大幅度增加。

### 3.1.2　并购对价方式时间特征

国泰安数据库中的中国上市公司并购重组研究数据库中包括现金对价方式、资产对价方式、可转债对价方式、股票对价方式、承担债务对价方式，以及上述任意方式混合对价方式等多种并购对价方式。表 3-2 列示了 2008—2011 年我国并购对价方式的时间特征，图 3-1 直观地展示了 2008—2011 年各年度并购对价方式占比。

表 3-2　　　　　　　　　　　并购对价方式时间特征

| 年度 | 资产对价 | 股票对价 | 现金对价 | 股票对价资产对价 | 现金对价资产对价 | 股票对价现金对价 | 承担债务 | 承担债务现金对价 | 合计 |
|------|------|------|------|------|------|------|------|------|------|
| 2008 | 5 | 184 | 1 156 | 0 | 2 | 10 | 6 | 6 | 1 369 |
| 2009 | 4 | 145 | 1 055 | 0 | 2 | 10 | 6 | 2 | 1 224 |
| 2010 | 0 | 180 | 1 400 | 0 | 3 | 2 | 4 | 2 | 1 591 |
| 2011 | 4 | 111 | 1 472 | 2 | 2 | 11 | 2 | 3 | 1 607 |
| 合计 | 13 | 620 | 5 083 | 2 | 9 | 33 | 18 | 13 | 5 791 |

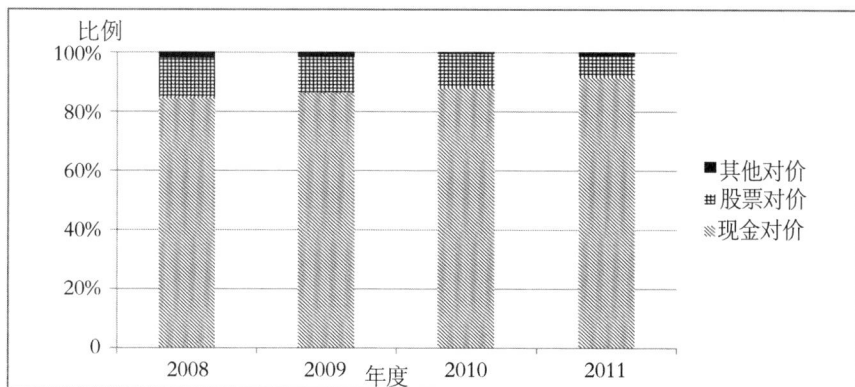

图 3-1　2008—2011 年各年度并购对价方式占比

表 3-2 的数据显示，2008—2011 年我国并购对价方式以现金对价方式为主，分别占各年并购对价方式的 84.44%、86.19%、87.99%、91.60%。这表明，我国上市公司并购对价方式以现金对价为主体，形成这一特征的主要原因是由于我国股票市场和债权市场发展起步较晚且不完善，公司的融资渠道和融资方式受到较大的限制，从而现金对价方式仍是我国并购对价

方式的主体。另外，2008—2010年我国并购交易中的股票对价方式占比均超过10%，2011年并购交易中股票对价方式数量有所下降，且仅占当年并购对价方式的6.91%。这表明，我国上市公司并购对价方式逐步多元化发展。但是，由于股票对价方式涉及到主并公司增发新股等具体操作问题，而我国未颁布相关的法律规范作为依据，因此，我国股票对价方式的运用受到一定的限制。2008—2011年我国并购交易中资产对价方式和承担债务对价方式较少，分别为13笔和18笔；而混合对价方式中除了股票对价与现金对价混合有33笔以外，其他的混合对价方式均不超过15笔，这表明我国上市公司并购对价方式较单一，除了现金对价方式和股票对价方式以外，采用其他对价方式的并购交易数量较少，这一特征的形成与我国资本市场的股权融资环境和债务融资环境密不可分。

### 3.1.3 并购标的时间特征

表3-3列示了2008—2011年我国并购标的时间特征。表3-3的数据显示，2008—2011年我国并购事件标的以股权标的为主，分别占各年并购事件的67.79%、71.81%、69.58%和71.13%。

| 表3-3 | 并购标的时间特征 | | |
|---|---|---|---|
| 年度 | 资产标的 | 股权标的 | 合计 |
| 2008 | 441 | 928 | 1 369 |
| 2009 | 345 | 879 | 1 224 |
| 2010 | 484 | 1 107 | 1 591 |
| 2011 | 464 | 1 143 | 1 607 |
| 合计 | 1 734 | 4 057 | 5 791 |

图3-2直观地展示了2008—2011年各年度以资产为标的的并购事件和以股权为标的的并购事件的占比情况。从图3-2中可以看出，相比2008年，2009年以股权为标的的并购事件占比有小幅上涨，而以资产为标的的并购事件占比则出现小幅下降。从2008—2011年整体趋势来看，以股权为标的的并购事件占比与以资产为标的的并购事件占比均较稳定，没有出现较大幅度变化。

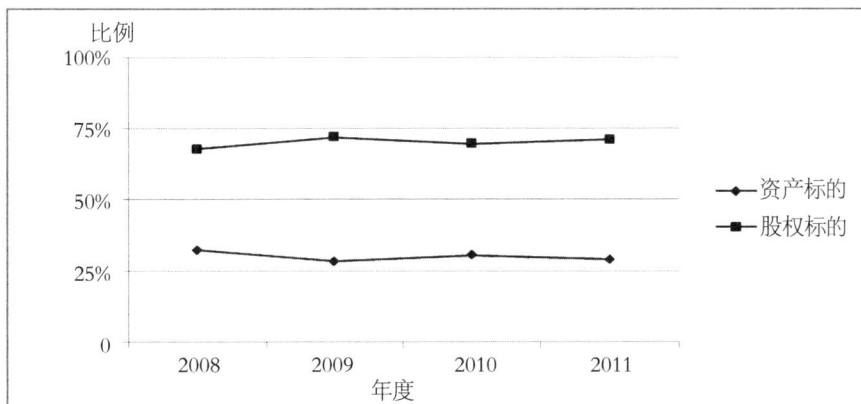

**图 3-2　2008—2011 年各年度并购标的占比**

表 3-4 列示了 2008—2011 年并购对价方式的并购标的特征。

表 3-4　　　　　　　　　　　　**并购对价方式的并购标的特征**

| 并购标的 | 现金对价 | | | | 股票对价 | | | | 其他对价方式 | | | | 合计 |
|---|---|---|---|---|---|---|---|---|---|---|---|---|---|
| | 2008 | 2009 | 2010 | 2011 | 2008 | 2009 | 2010 | 2011 | 2008 | 2009 | 2010 | 2011 | |
| 资产标的 | 367 | 314 | 444 | 444 | 123 | 120 | 145 | 96 | 13 | 6 | 5 | 5 | 2 082 |
| 股权标的 | 789 | 741 | 956 | 1028 | 61 | 25 | 35 | 15 | 16 | 18 | 6 | 19 | 3 709 |
| 合计 | 1 156 | 1 055 | 1 400 | 1 472 | 184 | 145 | 180 | 111 | 29 | 24 | 11 | 24 | 5 791 |

　　从表 3-4 中可以看出，2008—2011 年以资产为标的的并购事件中，现金对价的比例为 75.36%，股票对价的比例为 23.25%，其他对价方式的比例为 1.39%；2008—2011 年在以股权为标的的并购事件中，现金对价的比例为 94.74%，股票对价的比例为 3.67%，其他对价方式的比例为 1.59%。上述数据表明，以资产为标的的并购事件和以股权为标的的并购事件均以现金对价方式为主，而采用其他对价方式的比例均较低。同时，以资产为标的的并购事件中有近 1/4 采用了股票对价，而以股权为标的的并购事件中采用股票对价的不到 4%。这是由于并购中的股权标的实际上是目标公司待转让的资产总额扣除目标公司负债总额后的余额，而并购中的资产标的通常是指目标公司待转让的资产总额。也就是说，以资产为标的的并购事件的规模通常大于以股权为标的的并购事件的规模，因此，以股权为标的的并购事件需要较大的融资规模，采用股票对价的比例也会随之增加。

## 3.2 ———————————— 行业特征 ————————————

### 3.2.1 并购事件行业特征

根据中国证监会《上市公司行业分类指引》（2012年修订）的行业标准分类（共20个，其中，制造业采用二级代码分类，其他行业采用一级代码分类）对2008—2011年并购事件数量进行分析见表3-5，从表的最后一列各行业2008—2011年并购事件的合计数来看，各行业之间并购事件数量的差异较大。

表3-5           **并购事件行业特征分析**

| 行业代码 | 行业名称 | 2008 | 2009 | 2010 | 2011 | 合计 |
|---|---|---|---|---|---|---|
| A | 农、林、牧、渔业 | 17 | 10 | 7 | 25 | 59 |
| B | 采矿业 | 75 | 70 | 83 | 53 | 281 |
| C1 | 食品饮料、纺织、服装、皮毛 | 67 | 63 | 108 | 83 | 321 |
| C2 | 木材、家具、造纸、印刷、石油、化学、塑胶、塑料、医药、文教 | 224 | 204 | 277 | 248 | 953 |
| C3 | 金属、非金属、设备、电子、机械 | 437 | 314 | 396 | 544 | 1 691 |
| C4 | 仪表、回收加工、修理、其他制造业 | 2 | 11 | 6 | 26 | 45 |
| D | 电力、热力、燃气及水生产和供应业 | 61 | 84 | 92 | 66 | 303 |
| E | 建筑业 | 42 | 27 | 37 | 73 | 179 |
| F | 批发和零售业 | 121 | 104 | 104 | 136 | 465 |
| G | 交通运输、仓储和邮政业 | 47 | 42 | 70 | 56 | 215 |
| H | 住宿和餐饮业 | 10 | 4 | 10 | 6 | 30 |
| I | 信息传输、软件和信息技术服务业 | 24 | 49 | 87 | 91 | 251 |
| J | 金融业 | 18 | 21 | 7 | 13 | 59 |
| K | 房地产业 | 186 | 166 | 201 | 128 | 681 |
| L | 租赁和商务服务业 | 15 | 7 | 24 | 19 | 65 |
| M | 科学研究和技术服务业 | 0 | 0 | 6 | 4 | 10 |
| N | 水利、环境和公共设施管理业 | 2 | 22 | 27 | 16 | 67 |
| Q | 卫生和社会工作 | 0 | 0 | 12 | 4 | 16 |
| R | 文化、体育和娱乐业 | 8 | 10 | 15 | 6 | 39 |
| S | 综合 | 13 | 16 | 22 | 10 | 61 |
| | 合计 | 1 369 | 1 224 | 1 591 | 1 607 | 5 791 |

图 3-3 直观地呈现了 2008—2011 年各行业并购事件趋势分析，主要是通过 2008—2011 年各行业并购事件的合计数与样本中全部行业并购事件合计总数的比例来体现的。

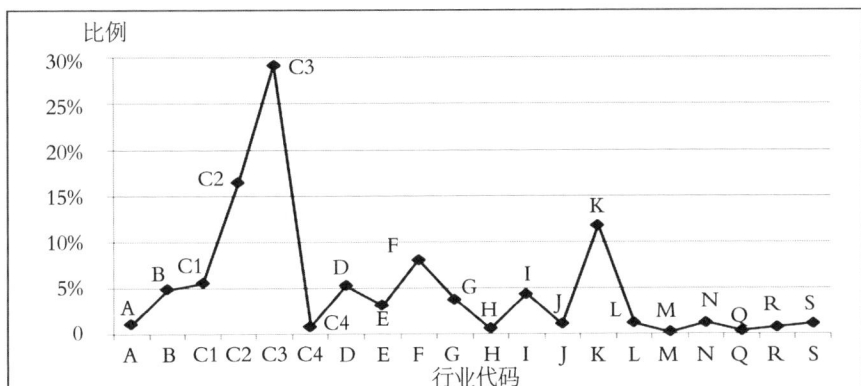

**图 3-3　2008—2011 年各行业并购事件趋势分析**

从图 3-3 中可以看出，并购事件数量最多的三个行业依次是：行业 C3（金属、非金属、设备、电子、机械）、行业 C2（木材、家具、造纸、印刷、石油、化学、塑胶、塑料、医药、文教）和行业 K（房地产业）。C3 和 C2 为传统制造业，这两个行业的上市公司数量较多，上市公司之间的竞争激烈，因此，这两个行业发生并购事件的数量较多。房地产业并购事件较多的原因除了由于房地产业上市公司的数量较多以外，还受到了国家对房地产业宏观调控政策的影响。从 2010 年开始，为了遏制房价过快增长，推动房地产市场的和谐发展，维持社会的安定和谐，国家陆续出台多项对房地产市场进行宏观调控的政策（简称"房产新政"）。房产新政的实施一方面对投机投资性购房、房价的过快增长起到了抑制作用，另一方面影响到房地产企业的购地、融资行为和销售活动，使房地产企业面临销售不畅、资金紧张、融资难等困境。房地产业是资金密集型产业，房地产业发展的每一个阶段都离不开资金的保障。如何在激烈的竞争中求得生存和发展，使企业的资金链顺畅并不断壮大，已成为房地产企业亟待解决的问题。自 2010 年各项房产新政陆续实施以来，很多中小房地产企业由于资金链的断裂进行挂牌转让，而一些具有良好品牌效应的大型房地产企业也积极掀起并购潮。此外，从图 3-3 中还可以看出，行业 M

59

（科学研究和技术服务业）、行业 Q（卫生和社会工作）和行业 H（住宿和餐饮业）发生并购事件的数量较少，这与这些行业内的上市公司数量较少有直接关系。

### 3.2.2　并购对价方式行业特征

表 3-6 列示了 2008—2011 年各行业并购事件采用现金对价方式、股票对价方式以及其他对价方式的数量，图 3-4 直观地展示了 2008—2011 年各行业并购事件采用的现金对价方式、股票对价方式以及其他对价方式的占比情况。

表3-6　　　　　　　　　**并购对价方式的行业特征分析**

| 行业代码 | 行业名称 | 现金对价 | 股票对价 | 其他对价 | 合计 |
|---|---|---|---|---|---|
| A | 农、林、牧、渔业 | 58 | 1 | 0 | 59 |
| B | 采矿业 | 242 | 28 | 11 | 281 |
| C1 | 食品饮料、纺织、服装、皮毛 | 289 | 31 | 1 | 321 |
| C2 | 木材、家具、造纸、印刷、石油、化学、塑胶、塑料、医药、文教 | 872 | 74 | 7 | 953 |
| C3 | 金属、非金属、设备、电子、机械 | 1 482 | 188 | 21 | 1 691 |
| C4 | 仪表、回收加工、修理、其他制造业 | 39 | 5 | 1 | 45 |
| D | 电力、热力、燃气及水生产和供应业 | 262 | 33 | 8 | 303 |
| E | 建筑业 | 159 | 14 | 6 | 179 |
| F | 批发和零售业 | 412 | 47 | 6 | 465 |
| G | 交通运输、仓储和邮政业 | 184 | 28 | 3 | 215 |
| H | 住宿和餐饮业 | 27 | 0 | 3 | 30 |
| I | 信息传输、软件和信息技术服务业 | 226 | 19 | 6 | 251 |
| J | 金融业 | 54 | 4 | 1 | 59 |
| K | 房地产业 | 601 | 69 | 11 | 681 |
| L | 租赁和商务服务业 | 43 | 20 | 2 | 65 |
| M | 科学研究和技术服务业 | 10 | 0 | 0 | 10 |
| N | 水利、环境和公共设施管理业 | 27 | 40 | 0 | 67 |
| Q | 卫生和社会工作 | 16 | 0 | 0 | 16 |
| R | 文化、体育和娱乐业 | 26 | 13 | 0 | 39 |
| S | 综合 | 54 | 6 | 1 | 61 |
| | 合计 | 5 083 | 620 | 88 | 5 791 |

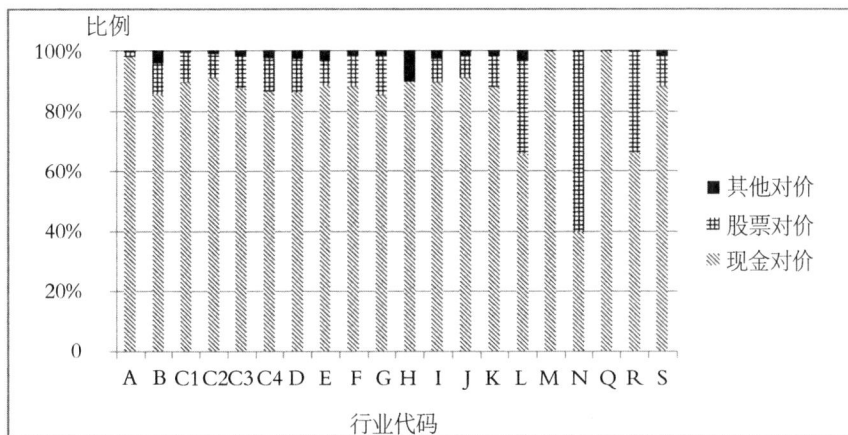

**图3-4 2008—2011年各行业并购对价方式占比**

从表3-6和图3-4中可以看出，现金对价方式是2008—2011年各行业上市公司并购的最主要对价方式。其中，在行业A（农、林、牧、渔业）、行业M（科学研究和技术服务业）和行业Q（卫生和社会工作）等收益波动性较强的行业，现金对价方式的比例接近或达到100%；而对于行业L（租赁和商务服务业）、行业N（水利、环境和公共设施管理业）和行业R（文化、体育和娱乐业）等盈利能力较强的行业，股票对价方式的比例均超过30%。

### 3.2.3 并购标的行业特征

表3-7列示了2008—2011年各行业以资产为标的的并购事件和以股权为标的的并购事件的数量，图3-5直观地展示了2008—2011年各行业以资产为标的的并购事件和以股权为标的的并购事件的占比情况。

表3-7　　　　　　　　**并购标的行业特征分析**

| 行业代码 | 行业名称 | 资产标的 | 股权标的 | 合计 |
|---|---|---|---|---|
| A | 农、林、牧、渔业 | 22 | 37 | 59 |
| B | 采矿业 | 80 | 201 | 281 |
| C1 | 食品饮料、纺织、服装、皮毛 | 123 | 198 | 321 |
| C2 | 木材、家具、造纸、印刷、石油、化学、塑胶、塑料、医药、文教 | 314 | 639 | 953 |

61

| 行业代码 | 行业名称 | 资产标的 | 股权标的 | 合计 |
|---|---|---|---|---|
| C3 | 金属、非金属、设备、电子、机械 | 431 | 1 260 | 1 691 |
| C4 | 仪表、回收加工、修理、其他制造业 | 21 | 24 | 45 |
| D | 电力、热力、燃气及水生产和供应业 | 62 | 241 | 303 |
| E | 建筑业 | 45 | 134 | 179 |
| F | 批发和零售业 | 136 | 329 | 465 |
| G | 交通运输、仓储和邮政业 | 73 | 142 | 215 |
| H | 住宿和餐饮业 | 7 | 23 | 30 |
| I | 信息传输、软件和信息技术服务业 | 50 | 201 | 251 |
| J | 金融业 | 22 | 37 | 59 |
| K | 房地产业 | 282 | 399 | 681 |
| L | 租赁和商务服务业 | 16 | 49 | 65 |
| M | 科学研究和技术服务业 | 1 | 9 | 10 |
| N | 水利、环境和公共设施管理业 | 18 | 49 | 67 |
| Q | 卫生和社会工作 | 1 | 15 | 16 |
| R | 文化、体育和娱乐业 | 12 | 27 | 39 |
| S | 综合 | 18 | 43 | 61 |
| 合计 | | 1 734 | 4 057 | 5 791 |

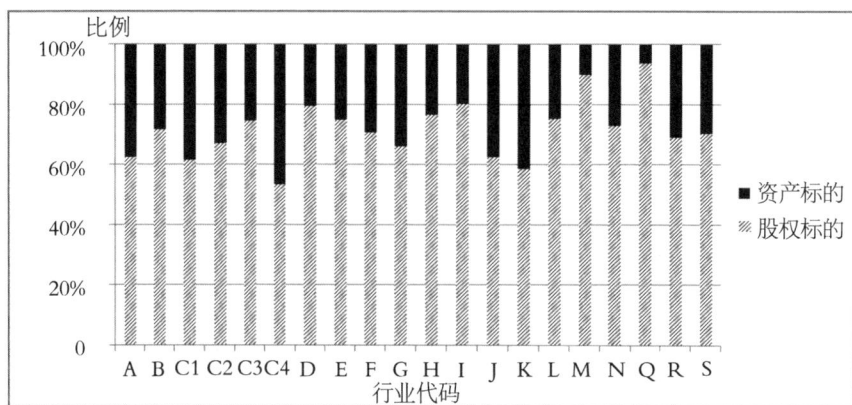

图3-5　2008—2011年各行业并购标的占比

从表3-7和图3-5中可以看出，2008—2011年各行业并购事件标的以股权标的为主。其中，行业Q（卫生和社会工作）、行业M（科学研究和技术服务业）和行业I（信息传输、软件和信息技术服务业）等收益波动性较强的行业，以股权为标的的并购事件的比例较高。而行业C4（仪表、回收加工、修理、其他制造业）、行业K（房地产业）和行业C1（食品饮料、纺织、服装、皮毛）等拥有较多实物资产且盈利能力较强的行业，以资产为标的的并购事件的比例较高。

## 3.3 产权特征

### 3.3.1 并购事件产权特征

基于上市公司的最终控制人是否为国有的特性，对上市公司产权性质进行界定。如果上市公司的最终控制人为个人、民营企业、外资等，则被认定为非国有产权上市公司；如果上市公司的最终控制人为中央国有企业、地方国有企业、国资委、地方国资委、中央政府机关和地方政府机关等，则被认定为国有产权上市公司，再根据上市公司最终控制人的中央或地方特征，将国有产权上市公司划分为中央国有产权上市公司和地方国有产权上市公司。表3-8和图3-6显示了2008—2011年不同产权性质的上市公司并购事件的变化趋势。

表3-8　　　　　　　　　　　**并购事件产权特征分析**

| 年度 | 国有产权 | | | 非国有产权 | 合计 |
|---|---|---|---|---|---|
| | 中央 | 地方 | 小计 | | |
| 2008 | 277 | 495 | 772 | 597 | 1 369 |
| 2009 | 273 | 414 | 687 | 537 | 1 224 |
| 2010 | 291 | 500 | 791 | 800 | 1 591 |
| 2011 | 242 | 496 | 738 | 869 | 1 607 |
| 合计 | 1 083 | 1 905 | 2 988 | 2 803 | 5 791 |

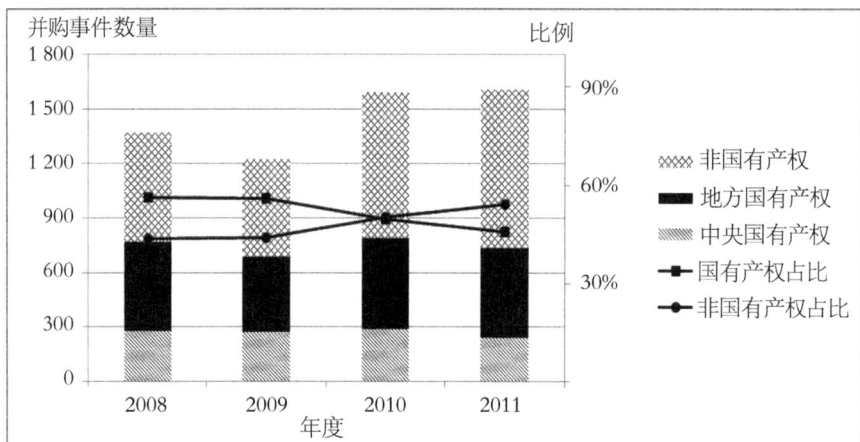

**图3-6 2008—2011年基于产权性质的并购事件趋势分析**

从表3-8和图3-6中可以看出，在总量上，国有产权上市公司占 2008—2011年上市公司并购事件的51.60%。其中，地方国有产权上 市公司共发动并购交易1 905笔，是国有产权上市公司发动并购交易 的主要力量；中央国有产权上市公司发动的并购交易在2010年最 多，为291笔；非国有产权上市公司的并购事件在2008年和2009年 低于国有产权上市公司；相比2009年，2010年非国有产权上市公司 的并购事件有较大幅度增长，增长比例为48.98%，其在2010年和 2011年均超过国有产权上市公司的并购事件。从趋势来看，国有产 权上市公司并购事件占当年全部并购事件的比例呈现小幅下降趋 势；而非国有产权上市公司并购事件占当年全部并购事件的比例呈 现出平稳上升趋势。

## 3.3.2 并购对价方式产权特征

表3-9列示了2008—2011年不同产权性质的并购事件采用现金对价 方式、股票对价方式以及其他对价方式的数量，图3-7直观地展示了 2008—2011年不同产权性质的并购事件采用的现金对价方式、股票对价 方式以及其他对价方式的占比情况。

表 3-9                                      并购对价方式产权特征分析

| 产权性质 | | 现金对价 | 股票对价 | 其他对价 | 合计 |
|---|---|---|---|---|---|
| 国有产权 | 中央 | 929 | 138 | 16 | 1 083 |
| | 地方 | 1 626 | 247 | 32 | 1 905 |
| | 小计 | 2 555 | 385 | 48 | 2 988 |
| 非国有产权 | | 2 528 | 235 | 40 | 2 803 |
| 合计 | | 5 083 | 620 | 88 | 5 791 |

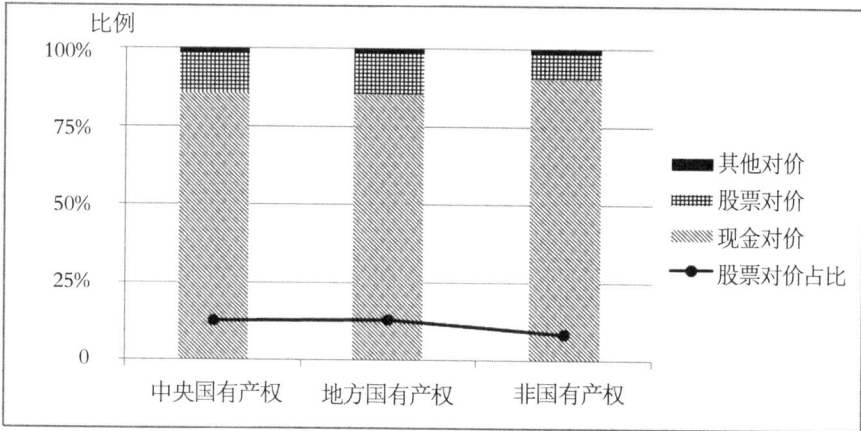

图 3-7　2008—2011 年基于产权性质的并购对价方式占比

从表 3-9 和图 3-7 中可以看出，中央国有产权上市公司、地方国有产权上市公司和非国有产权上市公司的并购交易中现金对价方式均超过 85%，表明各产权上市公司以现金对价方式为主。在非国有产权上市公司的并购交易中股票对价方式比例较低，仅为 8.38%，而中央国有产权上市公司和地方国有产权上市公司的并购交易中股票对价方式所占比例相似，均为 12% 以上。然而，国有产权上市公司和非国有产权上市公司采用其他对价方式的并购交易数量均较少。

### 3.3.3　并购标的产权特征

表 3-10 列示了 2008—2011 年不同产权性质以资产为标的的并购事件和以股权为标的的并购事件的数量，图 3-8 直观地展示了 2008—2011 年不同产权性质以资产为标的的并购事件和以股权为标的的并购事件的占比情况。

表3-10                         并购标的产权特征分析

| 产权性质 | | 资产标的 | 股权标的 | 合计 |
|---|---|---|---|---|
| 国有产权 | 中央 | 320 | 763 | 1 083 |
| | 地方 | 642 | 1 263 | 1 905 |
| | 小计 | 962 | 2 026 | 2 988 |
| 非国有产权 | | 772 | 2 031 | 2 803 |
| 合计 | | 1 734 | 4 057 | 5 791 |

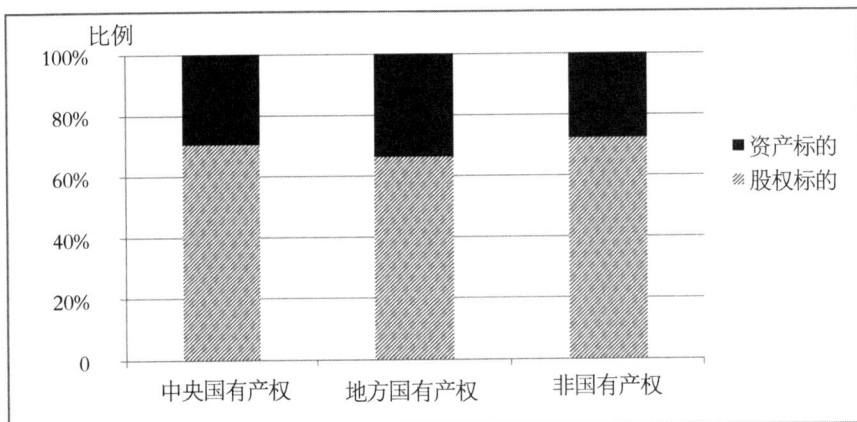

图3-8   2008—2011年基于产权性质的并购标的占比

从表3-10和图3-8中可以看出，中央国有产权上市公司、地方国有产权上市公司和非国有产权上市公司中以股权为标的的并购事件比例均超过65%，表明各产权上市公司的并购事件标的以股权标的为主。中央国有产权上市公司和非国有产权上市公司以资产为标的的并购事件的比例相似，均不超过30%；地方国有产权上市公司以资产为标的的并购事件所占比例最大为33.70%。

## 3.4 ——————————— 本章小结

本章根据搜集和整理的我国上市公司并购事件的详细数据资料，从时间特征、行业特征和产权特征三个维度对并购事件、并购对价方式和并购标的进行描述性统计分析，为后面章节的实证研究奠定数据分析基础。

# 第 4 章

# 目标现金持有量存在性检验：并购交易视角

现金是流动性较强的资产，公司持有现金有利于其抓住投资机会的同时，也为其带来了巨大的潜在成本，如监管成本和代理成本等。公司现金持有量过低会增加公司的财务风险，而现金持有量过高则会降低公司的资金使用效率，甚至在一定程度上引发严重的代理问题。那么，公司究竟应该持有多少现金？公司是否存在目标现金持有量？目前已有的研究得出了不同的结论：现金持有的融资优序理论和代理理论认为，公司并不存在目标现金持有量（Myers 和 Majluf，1984；Jensen，1986）；现金持有的权衡理论从"股东财富最大化"角度出发，认为公司现金持有是在现金持有成本与收益之间权衡的基础上确定一个目标现金持有量，当实际现金持有量偏离该目标值时将进行调整。

公司是否存在目标现金持有量，一种最直接的检验方法是研究公司的现金持有量是否具有"均值回归"的特征及其动态调整行为；另一种方法是基于事件研究法，观察并购等投资事件对公司现金持有量的影响。并购需要强有力的资金支持，持有大量现金或拥有大量自由现金流的公司在并购中会选择现金对价方式（Jensen，1986；Martin，1996）。另外，并购事件涉及庞大数量的交易金额，对并购后公司的现金持有量具有一定的调整作用。因此，并购将公司的投资行为与现金持有决策联系起来，成为研究公司现金持有量动态调整的"机会"事件。并购不仅是我国资本市场上最重要的社会资源重新配置的手段之一（刘淑莲，2010），也是公司重要的投资行为。本章采用事件研究法，利用并购交易这一可观测的独特投资事件，研究公司目标现金持有量的存在性和现金持有量的动态调整，在理论层面和实践层面均具有重要的研究意义。

本章的具体内容安排如下：4.1节根据理论分析提出研究假设；4.2节为具体的研究设计及实证结果分析，包括样本选取、数据来源、模型设定、实证结果分析及稳健性检验；4.3节对并购前后主并公司现金持有量的特征进行分析；4.4节对不同并购对价方式下主并公司现金持有量的特征进行分析；4.5节为本章小结。

## 4.1 ———— 理论分析与研究假设 ————

在完美的资本市场下，公司可以无成本地从外部资本市场筹集到投资所需的资金，这意味着公司的内部资金和外部资金不存在显著差异，因此，公司的最佳现金持有量为零（Modigliani 和 Miller，1958）。但是，现实资本市场由于信息不对称、代理成本和交易费用等因素的存在而并不完美，在投资机会、财务状况、经营风险等多方面因素的影响下，公司产生了不同的现金持有动机（Keynes，1936）。过低的现金持有量会增加公司的财务风险，而过高的现金持有量则会降低公司的资金使用效率，甚至在一定程度上引发严重的代理问题。现金持有的静态权衡理论认为，公司目标现金持有量的持有成本最低，给公司带来的经济效益最大，当实际现金持有量偏离该目标值时将进行调整（Kim et al.，1998；Opler et al.，1999）。

然而，中外学者通过分析指出，由于资本市场的不完美产生的调整成本，以及公司在现金持有超额或不足时的不同风险态度将阻碍公司现金持有量的调整，基于这一发现，中外学者在静态权衡理论的基础上把调整成本和偏离成本纳入分析之中，将"静态权衡理论"扩展成为"动态权衡理论"。现金持有的动态权衡理论认为，公司存在目标现金持有量，由于公司的内外部环境处在不断变化之中，不仅公司的实际现金持有量会上偏或下偏于目标现金持有量，公司的目标现金持有量也会随之改变。公司为了使现金持有的成本最低，给公司带来的经济效益最大，会利用各种投融资机会将实际现金持有量向目标现金持有量进行调整，而调整成本会影响这一调整过程，因此只能进行局部调整（Ozkan et al.，2004；连玉君和苏治，2008）。

由于现实资本市场不完美，当公司没有足够的内部资金支持投资需求时，不得不寻求各种外部融资方式来筹集更多资金，这时外部融资附带的各种成本、限制等障碍就摆在了公司面前，形成了融资约束问题。并购不仅是我国资本市场上最重要的社会资源重新配置的手段之一（刘淑莲，2010），也是公司重要的投资行为。为了减轻因融资约束而带来的投资不足等窘境，公司通过发动并购形成内部资本市场，增加公司的现金持有量，减少对外部资金的依赖（Hubbard 和 Palia，1999；吴红军，2006）。另外，Jensen（1986）、Martin（1996）分析指出，持有大量现金或拥有大量自由现金流的公司在并购中会选择现金对价方式；Martynova 和 Renneboog（2009）、翟进步等（2012）分析指出，当公司的现金持有量较多时，在并购中更可能采用自有资金作为并购融资方式。由此可见，作为公司重要的投资行为，并购是公司调整现金持有量的重要方式之一。

基于以上分析，本章提出假设1：根据现金持有动态权衡理论，公司存在目标现金持有量，且会利用并购交易这一机会，积极地调整公司的现金持有量，以缩小与目标现金持有量的差距。

## 4.2　研究设计及实证结果分析

### 4.2.1　样本选取与数据来源

本章以2008年1月1日至2011年12月31日沪深上市公司发生的并购事件为样本研究公司是否存在目标现金持有量。研究的总样本区间以并购事件宣告年份为基准，对主并公司并购前后各追踪三年，如某一主并公司在2008年发生了一起成功的并购交易，则对主并公司向前追踪到2005

年，向后追踪到 2011 年。因此，本章的并购事件样本区间为 2008—2011年，而考察的总样本区间为 2005—2014 年。

本章按照以下标准对并购事件样本进行了筛选：（1）由于非上市公司相关数据难以取得，因此仅保留主并公司是上市公司的并购事件；（2）仅保留交易成功的并购事件；（3）将上市公司并购行为限定为资产收购、股权转让和吸收合并，不包括资产剥离、资产置换、债务重组和股份回购等广义形式的并购活动；（4）仅保留完全以现金或完全以股票作为并购对价方式的样本；（5）由于金融保险行业的特殊性，剔除了主并公司属于金融保险行业的并购样本；（6）对于同一主并公司在一年内宣告两笔或两笔以上的并购交易，仅保留该上市公司在该年内宣告的交易总价最大的并购交易；（7）剔除了财务指标存在缺失值的并购样本。根据上述标准对样本进行初步处理后，最终得到 1 729 笔成功并购样本。

并购相关数据来自国泰安数据库中的中国上市公司并购重组研究数据库，主并公司样本期间各年末财务数据来自国泰安其他数据库。缺失的样本数据主要通过巨潮资讯网站、上海证券交易所和深圳证券交易所公布的年度报告信息进行补充。所有数据的预处理工作均在 Excel 2010 中进行，对预处理后的数据则在 STATA 11.0 中进行统计分析。同时，为了克服财务指标离群值的影响，对主要指标进行了 Winsorized 缩尾处理。

### 4.2.2 现金持有量均值回归模型

Opler et al.（1999）认为，如果公司的现金持有量存在向"均值回归"的现象，则认为公司存在目标现金持有量；反之，如果公司的现金持有量不存在向"均值回归"的现象，则认为公司不存在目标现金持有量。本章借鉴 Opler et al.（1999）的现金持有量均值回归模型（4-1），初步考察公司是否存在目标现金持有量。

$$\Delta Cashhold_{it} = \alpha + \beta \Delta Cashhold_{it-1} + \varepsilon_{it} \qquad \text{模型（4-1）}$$

其中，$Cashhold_{it}$ 和 $Cashhold_{it-1}$ 分别表示主并公司 i 在第 t 年和第 t-1 年的实际现金持有量。已有文献中现金持有量的度量指标主要有以下四种：（1）现金及现金等价物与总资产的比率（Kim et al.，1998；Ozkan et al.，2004；Guney et al.，2007；胡国柳等，2006）；（2）现金及现金等价物与非现金资产的比率，其中，非现金资产等于资产总额减去现金及现金等价物（Opler et al.，1999；杨兴全和孙杰，2006）；（3）现金及现金等价物与销售收入的比率（Faulkender，2000）；（4）现金及现金等价物与非现金资产比率的自然对数（Foley et al.，2007）。本章借鉴 Opler et al.（1999）的衡量方法，现金持有量采用年末现金及现金等价物余额与年末非现金资产（年末资产总额 – 年末现金及现金等价物余额）的比率进行衡量。

### 4.2.3　目标现金持有量估计模型

由于目标现金持有量的不可观测性，研究中可以选择历史均值、行业均值等作为目标现金持有量的替代变量（Opler et al.，1999）。Bruinshoofd 和 Kool（2004）研究表明，以公司特征为基础来估算目标现金持有量能够提高估算结果的准确性和有效性。因此，本章借鉴 Opler et al.（1999）的现金持有估计模型，用一系列理论上预期对公司现金持有量产生影响的公司特征因素来预测公司的目标现金持有量。

$$Cashhold_{it}^* = \alpha + \beta X_{it} + \varepsilon_{it}$$
模型（4-2）

▆▬▬ 71 ◂◂◂

其中：$\alpha$ 为常数项；$\varepsilon_{it}$ 为干扰项；$X_{it}$ 为影响公司现金持有量的公司特征因素。主要包括以下变量：

公司规模（Size）：由于发行证券会发生大量固定成本并带来规模经济，大规模公司在证券发行上比小规模公司具有相对优势，这意味着大规模公司的外部融资成本小于小规模公司（Barclay 和 Clifford，1995）。同时，大规模公司可以通过多元化经营分散风险，降低发生财务困境的概率；而小规模公司进行债务融资时的限制性条款和约束条件较多，外部融资成本高，发生财务困境和破产的可能性大。因此，与大规模公司相比，小规模公司为了降低财务困境风险，倾向于持有较多现金（Opler et al.，1999；辛宇和徐莉萍，2006）。但是，连玉君和苏治（2008）、刘博研和韩立岩（2012）研究发现，与小规模公司相比，大规模公司创造现金流的能力较强，因此持有的现金较多。在本章中采用公司年末总资产的自然对数作为公司规模的替代变量。

现金流量（Cashflow）：公司的现金持有量的源泉之一是现金流量，从现金持有的融资优序理论分析，现实资本市场由于信息不对称、代理成本和交易费用等因素的存在而并不完美，企业外部融资需要花费大量成本。为了降低融资成本，企业现金流量越大，倾向于保留的现金持有量越高（Opler et al.，1999；Teruel et al.，2008；辛宇和徐莉萍，2006）。但从另一个角度来看，现金流量能够为企业投资和偿还到期债务提供有效保障，企业现金流量越大，放弃有价值的投资机会和面临财务困境的可能性就越小。因此，现金流量越高的企业，现金持有水平越低（Kim et al.，1998）。在本章中采用的现金流量的具体计算方法为：（息税折旧摊销前利润 – 利息 – 所得税 – 股利）/年末非现金资产。

现金替代物（Nwc）：公司的非现金流动资产具有流动性强的特点，公司在资金短缺的时候，可以以较低的成本出售非现金流动资产筹集到所需的现金。因此，非现金流动资产可以视为公司的现金替代物，拥有较多现金替代物的公司通常持有较少的现金。在本章中现金替代物的具体计算方法为：（年末流动资产 – 年末流动负债 – 期末现金及现金等价物）/年末非现金资产。

资本性支出（Capex）：静态权衡理论认为，资本性支出多的公司由于现金短缺的成本较大，因此会持有较多的现金。同时，资本性支出的多少可以衡量公司投资机会的大小，资本性支出越多表明公司的投资机会越多，公司需要持有较多的现金，以避免因现金短缺而造成投资不足。但是，Opler et al.（1999）指出，公司的资本性支出增多将会导致公司的内部资源减少，因此积累下来的现金较少。在本章中资本性支出的具体计算方法为：（购建固定资产、无形资产和其他长期资产支付的现金）/年末非现金资产。

财务杠杆（Lev）：财务杠杆是用来衡量公司资本结构决策中对负债筹资的利用程度，公司财务杠杆越大，说明公司的债务资金越多，公司面临财务困境和破产的概率越大。因此，基于预防性动机，为了降低公司发生财务困境或破产的可能性，财务杠杆越高的公司，持有的现金应当越多（Teruel et al.，2008）。但是，从另一方面来看，公司财务杠杆反映公司的举债能力，财务杠杆越高，公司举债能力越强。当公司需要资金时，可以从外部及时借入资金，而不需要持有大量现金，增加持有成本。因此，财务杠杆越高的公司，举债能力越强，持有的现金越少（Kim et al.，1998；

辛宇和徐莉萍，2006）。在本章中采用年末总负债与年末总资产的比率来衡量财务杠杆。

投资机会（Mtb）：公司获利性投资机会的增加意味着如果公司存在现金短缺，将被迫放弃好的投资机会（Opler et al.，1999）。同时，当公司的投资机会越多，面临财务困境和破产的可能性就越大，而在财务困境或破产情况下，公司投资机会的可获利价值会快速下跌。当公司可获利的投资机会越多，为了避免投资不足，公司应当持有较多的现金（Kim et al.，1998；Opler et al.，1999；辛宇和徐莉萍，2006）。在本章中采用市值账面比作为投资机会的替代变量，具体计算方法为：（年末股权市值+年末净债务市值）/年末总资产，其中，非流通股权市值用流通股权市值替代。

股利支付（Div）： Opler et al.（1999）认为，当支付股利的公司面临良好的投资机会时，可以通过不支付或少支付股利的方法来获得低成本资金，减少外部筹资额，而且支付股利的公司更容易进入资本市场筹集所需资金。因此，支付股利的公司比不支付股利的公司现金持有量少。Ozkan et al.（2004）则认为，支付股利的公司为了保持自己的股利政策不变，避免未来因现金短缺而被迫减少股利甚至取消支付股利，通常会持有较多的现金。杨兴全和孙杰（2006）研究发现，为了避免未来支付股利时发生现金短缺，支付股利的公司比不支付股利的公司持有较多的现金。在本章中公司是否支付股利以虚拟变量来衡量，即公司当年发放现金股利，赋值为1；公司当年不发放股利，赋值为0。

### 4.2.4　现金持有量动态调整模型

现金持有的静态权衡理论是在 Kraus 和 Litzenberger（1973）提出的权衡理论的基础上建立和发展起来的，认为企业的目标现金持有量的持有成本最低，给企业带来的经济效益最大，当实际现金持有量偏离该目标值时将进行调整（Kim et al.，1998；Opler et al.，1999）。然而，中外学者研究发现，由于现实资本市场的不完美产生的调整成本，以及企业在现金持有超额或不足时的不同风险态度将阻碍企业现金持有水平的调整。基于这一发现，中外学者在静态权衡理论的基础上将调整成本和偏离成本纳入分析之中，将"静态权衡理论"扩展成为"动态权衡理论"。现金持有的动态权衡理论认为，公司存在目标现金持有量，由于公司的内外部环境处在不断变化之中，不仅公司的实际现金持有量会上偏或下偏于目标现金持有量，公司的目标现金持有量也会随之改变。公司为了使现金持有的成本最低，给公司带来的经济效益最大，会利用各种投融资机会将实际现金持有量向目标现金持有量进行调整，而调整成本会影响这一调整过程，因此只能进行局部调整（Ozkan et al., 2004；连玉君和苏治，2008）。借鉴 Ozkan et al.（2004）、连玉君和苏治（2008）的研究，本章采用局部调整模型（4-3）来描述主并公司的现金持有量的动态调整过程：

$$Cashhold_{it} - Cashhold_{it-1} = \lambda(Cashhold_{it}^* - Cashhold_{it-1}) \qquad 模型（4-3）$$

其中：$Cashhold_{it}$ 和 $Cashhold_{it-1}$ 分别表示主并公司 i 在第 t 年和第 t-1 年的实际现金持有量，现金持有量采用年末现金及现金等价物余额与年末非现金资产（年末资产总额 - 年末现金及现金等价物余额）进行衡量；$Cashhold_{it}^*$ 表示主并公司 i 在第 t 年的目标现金持有量，$(Cashhold_{it}^* - Cashhold_{it-1})$ 表示主并公司 i 在第 t 年为达到目标现金持有量所需实现的现金持有调整量；$\lambda$ 表示调整系数，用以衡量主并公司现金持有量在一年内向目标现金持有量调整的速度，$\lambda$ 值介于 0 和 1 之间。当 $\lambda = 1$ 时，即 $Cashhold_{it} = Cashhold_{it}^*$，表明主并公司 i 可以在当期调整到目标现金持有量，调整成本为 0。当 $\lambda = 0$ 时，即 $Cashhold_{it} = Cashhold_{it-1}$，表明主并公司 i 无法改变其既有的现金持有量，其原因可能是过高的调整成本使得现金持有调整行为无法实施。当 $\lambda < 1$ 时，表明因为调整成本的作用使得主并公司 i 只能部分调整其现金持有量。

将模型（4-2）带入模型（4-3），可以得到公司现金持有量动态调整模型的另一种表现形式，如模型（4-4）：

$$Cashhold_{it} = \lambda\alpha + (1 - \lambda)Cashhold_{it-1} + \lambda\beta X_{it} + \lambda\varepsilon_{it} \qquad 模型（4-4）$$

模型（4-4）的解释变量中包含被解释变量 $Cashhold_{it}$ 的一阶滞后项（$Cashhold_{it-1}$），因此，模型（4-4）为动态面板数据模型。已有文献对动态面板数据模型采用了不同的估计方法。如在资本结构动态调整模型的估计中，Shyam-Sunder 和 Myers（1999）采用混合 OLS 进行估计；Flannery

和 Rangan（2006）则采用了固定效应模型进行估计。由于解释变量中包含被解释变量的滞后项，动态面板数据模型存在内生性问题，使得采用混合 OLS 和固定效应估计方法得到的估计值是非一致性的。基于此，Arellano 和 Bond（1991）提出"一阶差分广义矩估计（First-difference GMM）"，但是在一阶差分方程中，水平变量的滞后项都是弱工具变量，使得差分 GMM 估计量可能存在严重的小样本偏误（连玉君和苏治，2008）。因此，Arellano 和 Bover（1995）、Blundell 和 Bond（1998）进一步提出"系统广义矩估计（System GMM）"。相对于差分 GMM 估计量，系统 GMM 估计量能够充分地利用样本信息，因此其小样本偏误明显降低（Bond 和 Windmeijer，2002）。

为了克服个体异质性和内生性问题，本章采用系统 GMM 方法来估计动态面板数据模型（4-4）。使用系统 GMM 方法进行估计时，要求模型（4-4）的干扰项不存在序列相关，但是差分后的干扰项必然存在一阶序列相关。因此，在使用系统 GMM 方法时需要检验差分后的干扰项是否存在二阶序列相关，本章在随后的实证结果中列示了二阶序列相关检验的 AR（2）P 量。同时，为了检验工具变量的使用是否合理，本章进行了过度识别检验（Sargan 检验），在随后的实证结果中列示了 Sargan P 值。

上述相关变量的变量定义与预期符号见表4-1。

表4-1            **变量定义与预期符号**

| 变量符号 | 变量描述 | 预期符号 | 衡量方法 |
|---|---|---|---|
| Cashhold | 现金持有量 | | 现金持有量=年末现金及现金等价物余额/年末非现金资产<br>年末非现金资产=年末总资产 − 年末现金及现金等价物余额 |
| Cashhold* | 目标现金持有量 | | 采用一系列理论上预期对公司现金持有量产生影响的公司特征因素对公司实际现金持有量进行回归估计所得到的拟合值 |
| Cashflow | 现金流量 | +/− | （息税折旧摊销前利润 − 利息 − 所得税 − 股利）/年末非现金资产 |
| Size | 公司规模 | +/− | 年末总资产的自然对数 |

| 变量符号 | 变量描述 | 预期符号 | 衡量方法 |
|---|---|---|---|
| Nwc | 现金替代物 | − | （年末流动资产 − 年末流动负债 − 期末现金及现金等价物余额）/年末非现金资产 |
| Capex | 资本性支出 | +/− | （购建固定资产、无形资产和其他长期资产支付的现金）/年末非现金资产 |
| Lev | 财务杠杆 | +/− | 年末总负债与年末总资产的比率 |
| Mtb | 市账比 | + | 市账比=（年末股权市值+年末净债务市值）/年末总资产，其中，非流通股权市值用流通股权市值替代 |
| Div | 股利支付 | +/− | 虚拟变量：公司当年发放现金股利，赋值为1；公司当年不发放现金股利，赋值为0 |

### 4.2.5 实证结果分析

#### 1）描述性统计

2005—2014年主并公司的现金持有量见表4-2和图4-1。

表4-2 **2005—2014年主并公司现金持有量**

| 年度 | 样本数 | 均值 | 中位数 | 标准差 | 25分位数 | 75分位数 |
|---|---|---|---|---|---|---|
| 2005 | 415 | 0.1761 | 0.1286 | 0.1709 | 0.0599 | 0.2264 |
| 2006 | 648 | 0.1767 | 0.1282 | 0.1957 | 0.0609 | 0.2279 |
| 2007 | 891 | 0.2008 | 0.1291 | 0.2450 | 0.0670 | 0.2425 |
| 2008 | 1 051 | 0.1976 | 0.1275 | 0.2462 | 0.0680 | 0.2383 |
| 2009 | 1 051 | 0.2329 | 0.1529 | 0.2848 | 0.0823 | 0.2678 |
| 2010 | 1 048 | 0.2311 | 0.1513 | 0.2775 | 0.0817 | 0.2739 |
| 2011 | 1 041 | 0.2102 | 0.1377 | 0.2618 | 0.0713 | 0.2341 |
| 2012 | 904 | 0.2015 | 0.1318 | 0.2516 | 0.0692 | 0.2204 |
| 2013 | 747 | 0.1820 | 0.1163 | 0.2088 | 0.0709 | 0.2139 |
| 2014 | 457 | 0.1642 | 0.1082 | 0.1828 | 0.0618 | 0.1899 |

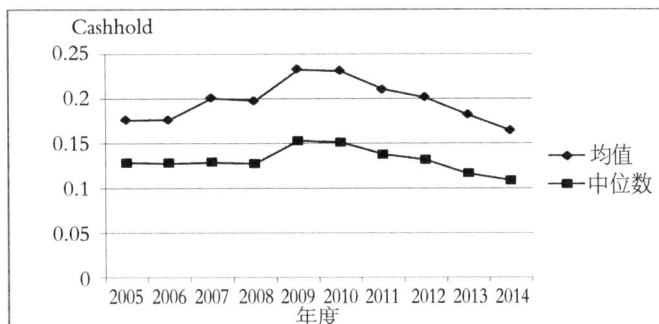

**图4-1　2005—2014年主并公司现金持有量的变化趋势**

表4-2和图4-1的数据显示，各年度主并公司现金持有量存在一定的差异，2009年主并公司现金持有量的均值和中位数均处于最高水平，这可能是由于2008年金融危机造成大量企业因资金链的断裂而破产，企业充分意识到持有充裕现金的好处，越来越多的企业在金融危机下遵循"现金为王"的生存法则。相比2012年，2013年主并公司现金持有量的均值和中位数均出现一定幅度的下降，2014年主并公司现金持有量的均值和中位数均处于最低水平，这可能是因为自2013年开始，全球经济开始温和复苏，中国的国民经济稳中向好，企业不断扩大投资规模，从而使得现金持有量出现一定幅度的减少。各年度现金持有量标准差的范围为0.17~0.29，表明同一年度内各主并公司现金持有量差异较大。所有年度主并公司现金持有量的中位数均低于其均值，表明大部分主并公司现金持有量较少，而少数主并公司现金持有量较多。

表4-3列示了2005—2014年主并公司相关变量的描述性统计结果。

**表4-3　　2005—2014年主并公司相关变量的描述性统计结果**

| 变量 | 样本数 | 均值 | 中位数 | 标准差 | 25分位数 | 75分位数 |
|---|---|---|---|---|---|---|
| Cashhold | 8 253 | 0.2027 | 0.1326 | 0.2460 | 0.0709 | 0.2387 |
| Capex | 8 244 | 0.0658 | 0.0477 | 0.0633 | 0.0181 | 0.0931 |
| Mtb | 8 005 | 2.2925 | 1.7423 | 1.6524 | 1.2725 | 2.6297 |
| Size | 8 268 | 21.9035 | 21.8046 | 1.3105 | 21.0313 | 22.6899 |
| Nwc | 8 253 | −0.0658 | −0.0529 | 0.2969 | −0.2055 | 0.1141 |
| Lev | 8 268 | 0.5470 | 0.5409 | 0.2570 | 0.3897 | 0.6757 |
| Cashflow | 8 160 | 0.0629 | 0.0560 | 0.0622 | 0.0290 | 0.0926 |
| Div | 8 268 | 0.5547 | 1 | 0.4970 | 0 | 1 |

表 4-3 的数据显示，主并公司的现金持有量（Cashhold）的均值为 0.2027，中位数为 0.1326，现金持有量的均值大于中位数，表明主并公司现金持有量的横截面分布呈现右偏趋势，该数据分布与刘博研和韩立岩（2012）的研究中全部上市公司现金持有量的分布情况相一致。主并公司的市账比（Mtb）的均值为 2.2925，说明从整体上看，主并公司的发展势头强劲，具有良好的成长性。主并公司的资产负债率（Lev）的均值和中位数分别为 0.5470 和 0.5409，均超过 50%，表明半数以上的主并公司的债务融资占总体融资的比例超过 50%，说明负债资金是主并公司外部资金的主要组成部分。主并公司的股利支付（Div）的均值为 0.5547，中位数为 1，说明每年发放现金股利的主并公司占全部样本公司数量的一半以上，这可能是近些年来证监会完善上市公司现金股利分红制度的诸多举措发挥作用的结果。

**2）相关性分析**

为了避免模型中存在严重的多重共线性对回归结果产生不利影响，本章在对模型（4-4）进行回归分析之前，采用 Spearman 相关系数对模型的主要变量进行相关性分析。表 4-4 列示了 2005—2014 年主并公司相关变量之间的 Spearman 相关系数。

表 4-4　2005—2014 年主并公司相关变量之间的 Spearman 相关系数

| 变量 | Cashhold | Capex | Mtb | Size | Nwc | Lev | Cashflow | Div |
|---|---|---|---|---|---|---|---|---|
| Cashhold | 1.0000 | | | | | | | |
| Capex | 0.1060*** | 1.0000 | | | | | | |
| Mtb | 0.2008*** | 0.0269** | 1.0000 | | | | | |
| Size | −0.0765*** | 0.1313*** | −0.4842*** | 1.0000 | | | | |
| Nwc | 0.1114*** | −0.1947*** | 0.1174*** | −0.0515*** | 1.0000 | | | |
| Lev | −0.3351*** | −0.1706*** | −0.3318*** | 0.2873*** | −0.4355*** | 1.0000 | | |
| Cashflow | 0.2780*** | 0.3190*** | 0.3434*** | −0.0683*** | −0.0266** | −0.3841*** | 1.0000 | |
| Div | 0.1976*** | 0.2266*** | −0.0832*** | 0.3054*** | 0.1465*** | −0.1805*** | 0.2587*** | 1.0000 |

注：*、**、***分别代表 10%、5%、1% 的显著性水平。

从表 4-4 相关性分析的结果来看，模型（4-4）的各主要变量之间的两两相关系数的绝对值均小于 0.5，表明模型（4-4）主要变量之间的相关性均较弱，变量之间的多重共线性不会对模型（4-4）的回归结果产生严重的不利影响。

### 3）回归分析结果

（1）现金持有量均值回归模型检验结果

现金持有量均值回归模型（4-1）的回归结果见表 4-5。

表 4-5　　　　　　　现金持有量均值回归模型（4-1）检验结果

| $\Delta Cashhold_{it}$ | Coef | t | P>|t| |
|---|---|---|---|
| $\Delta Cashhold_{it-1}$ | −0.2110 | −17.18 | 0.000 |
| _cons | −0.0045 | −2.06 | 0.039 |
| 样本数 | 6 146 | | |
| F 统计量 | 295.26*** | | |
| 调整 $R^2$ | 0.0457 | | |

注：*、**、***分别代表 10%、5%、1%的显著性水平。

表 4-5 列示了主并公司现金持有变化量在至少 5 年的样本期间内的一阶自回归估计结果，表明公司现金持有变化量的一阶滞后值的系数为 −0.2110，且在 1% 的置信水平上显著，该结果表明公司的现金持有量存在向"均值回归"的现象，可以初步说明公司存在目标现金持有量。

图 4-2 呈现了主并公司现金持有变化量在至少 5 年的样本期间内的一阶自回归系数（β）估计值的分布情况，β 的描述性统计结果见表 4-6。

表 4-6 的数据显示，现金持有变化量的一阶自回归系数（β）的均值为 −0.2584，中位数为 −0.2788，呈左偏性。表 4-5 和图 4-2 关于主并公司现金持有量的均值回归模型的检验结果表明，主并公司的现金持有量具有向"均值回归"的特征，公司存在目标现金持有量，意味着可能存在某些系统性因素使得公司不会任由现金持有量过高或过低，公司会将现金持有

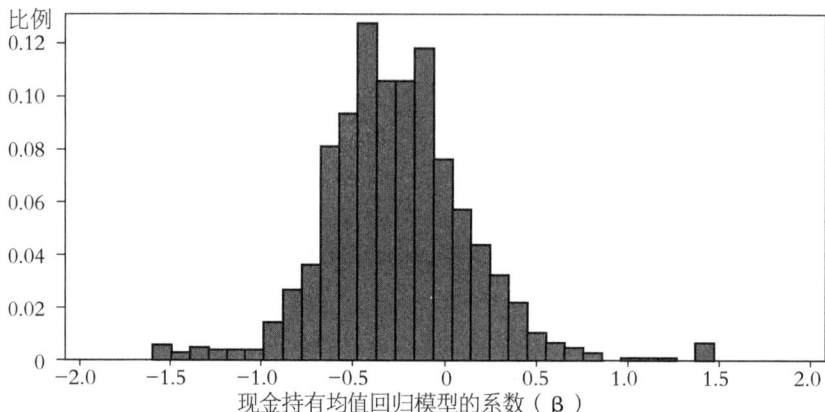

图4-2　ΔCashhold$_{it-1}$的一阶自回归系数（β）估计值的分布图

表4-6　ΔCashhold$_{it-1}$的一阶自回归系数（β）估计值的描述性统计结果

| 变量 | 样本数 | 均值 | 中位数 | 25分位数 | 75分位数 | 最小值 | 最大值 |
|------|--------|------|--------|----------|----------|--------|--------|
| β | 1 049 | −0.2584 | −0.2788 | −0.4924 | −0.0462 | −1.5962 | 1.4728 |

量控制在一个相对稳定的范围内。

（2）现金持有量动态调整模型检验结果

表4-7和表4-8分别列示了全部主并公司和未发动并购公司[①]的现金持有量动态调整模型（4-4）在三种不同估计方法下得到的回归结果。其中，表4-7和表4-8的第（1）列为混合OLS得到的回归结果；表4-7和表4-8的第（2）列为固定效应设定下得到的回归结果；表4-7和表4-8的第（3）列为系统GMM得到的回归结果。表4-7和表4-8的第（3）列列示的AR（2）P值均不显著，表明本章在采用系统GMM估计现金持有量动态调整模型（4-4）时，不存在二阶序列相关。表4-7和表4-8的第（3）列列示的Sargan检验的P值均不显著，表明本章在采用系统GMM估计现金持有量动态调整模型（4-4）时，选择的工具变量是合理的，不存在过度识别问题[②]。

---

[①] 本章中未发动并购公司包括在2008年1月1日到2011年12月31日期间没有发动并购的公司和并购不成功的公司，表4-7和表4-8中数据的区间为2005—2014年。
[②] 连玉君和苏治（2008）指出，由于一阶段GMM估计量往往存在异方差问题，在多数情况下，Sargan（1958）检验的原假设都会被拒绝，意味着存在模型的设定偏误。因此，表4-7和表4-8第（3）列所列示的回归结果均为两阶段GMM估计量。

表 4-7　　　　　全部主并公司现金持有量动态调整模型回归结果

| 变量 ＼ 估计方法 | （1）混合 OLS | （2）固定效应 | （3）系统 GMM |
|---|---|---|---|
| Cashhold$_{it-1}$ | 0.6597***（84.66） | 0.2510***（22.96） | 0.5373***（34.60） |
| Capex | −0.4050***（−13.46） | −0.1087***（−3.02） | −0.1498（−1.50） |
| Mtb | 0.0069***（4.92） | 0.0052***（2.66） | 0.0022（0.74） |
| Size | 0.0006（0.32） | 0.0166***（3.44） | 0.0370**（2.47） |
| Nwc | −0.1458***（−18.06） | −0.4292***（−30.32） | −0.4494***（−11.41） |
| Lev | −0.1452***（−13.42） | −0.4475***（−23.70） | −0.5158***（−9.29） |
| Cashflow | 0.4768***（13.57） | 0.5111***（13.15） | 0.1956**（2.09） |
| Div | 0.0040（0.99） | 0.0025（0.55） | −0.0176**（−2.03） |
| _cons | 0.0842**（2.20） | −0.0452（−0.44） | −0.0138（−0.14） |
| Year | Yes | Yes | Yes |
| F 统计量 | 688.66*** | 142.11*** | — |
| Wald chi2 | — | — | 2739.28*** |
| 调整 R² | 0.6137 | 0.2793 | — |
| 调整半周期 | 2.04 | 0.93 | 1.50 |
| AR（2）P 值 | — | — | 0.6528 |
| Sargan P 值 | — | — | 0.1014 |
| 样本数 | 6 927 | 6 927 | 6 749 |

注：（1）括号中为 t/z 值，*、**、***分别代表 10%、5%、1%的显著性水平；（2）第（3）列的参数估计值为两阶段 GMM 估计量，括号中的为 z 值；（3）F 统计量和 Wald chi2 统计量是对解释变量的联合显著性进行检验，调整 R² 为模型的拟合优度；（4）调整半周期=ln2/（1−x），x 为 Cashhold$_{it-1}$ 的系数估计值；（5）AR（2）P 值为二阶序列相关检验得到的 P 值；（6）Sargan P 值为对工具变量的合理性进行过度识别检验得到的 P 值。

　　根据表 4-7 的回归结果，在三种不同的估计方法下，Cashhold$_{it-1}$ 的系数（1−λ）各有差异。也就是说，不同的估计方法所估计的现金持有动态调整速度有快有慢，但是均在 1%的置信水平上显著为正，支持了现金持有的动态权衡理论。

表4-8　　　　未发动并购公司现金持有量动态调整模型回归结果

| 估计方法<br>变量 | (1)<br>混合OLS | (2)<br>固定效应 | (3)<br>系统GMM |
|---|---|---|---|
| Cashhold$_{it-1}$ | 0.6207***<br>(136.00) | 0.3094***<br>(47.96) | 0.5971***<br>(37.93) |
| Capex | −0.4036***<br>(−17.67) | −0.0066<br>(−0.24) | −0.1117<br>(−0.77) |
| Mtb | 0.0052***<br>(4.93) | 0.0002<br>(0.16) | 0.0107***<br>(3.23) |
| Size | 0.0012<br>(0.79) | 0.0066*<br>(1.67) | 0.1616***<br>(6.60) |
| Nwc | −0.1753***<br>(−25.78) | −0.3943***<br>(−35.32) | −0.7891***<br>(−14.07) |
| Lev | −0.2162***<br>(−22.99) | −0.4747***<br>(−31.28) | −1.2679***<br>(−12.49) |
| Cashflow | 0.4866***<br>(17.58) | 0.5802***<br>(18.98) | 0.1456<br>(1.07) |
| Div | 0.0078**<br>(2.26) | 0.0000<br>(0.01) | 0.0305**<br>(2.17) |
| _cons | 0.1222***<br>(3.85) | 0.1711*<br>(1.95) | −0.0367<br>(−0.31) |
| Year | Yes | Yes | Yes |
| F统计量 | 1 901.29*** | 420.23*** | — |
| Wald chi2 | — | — | 3 840.25*** |
| 调整R² | 0.6566 | 0.3341 | |
| 调整半周期 | 1.83 | 1.00 | 1.72 |
| AR（2）P值 | — | — | 0.7400 |
| Sargan P值 | — | — | 0.1449 |
| 样本数 | 15 902 | 15 902 | 15 505 |

注：（1）括号中为t/z值，*、**、***分别代表10%、5%、1%的显著性水平；（2）第（3）列的参数估计值为两阶段GMM估计量，括号中的为z值；（3）F统计量和Wald chi2统计量是对解释变量的联合显著性进行检验，调整R²为模型的拟合优度；（4）调整半周期=ln2/（1−x），x为Cashhold$_{it-1}$的系数估计值；（5）AR（2）P值为二阶序列相关检验得到的P值；（6）Sargan P值为对工具变量的合理性进行过度识别检验得到的P值。

在表4-7第（1）列的混合OLS估计方法的结果中，Cashhold$_{it-1}$的系数表明主并公司向目标现金持有量动态调整速度为0.3403（1 - 0.6597），当以此速度进行现金持有量动态调整时，主并公司将要花费2.04年才能调整其实际现金持有量与目标现金持有量偏差的50%（调整半周期为2.04年）。这种较慢的调整速度可能是受到调整成本的影响，也有可能是受到主并公司在短期内因遵循现金持有的融资优序理论和代理理论的影响。混合OLS估计方法没有考虑到公司个体效应对主并公司目标现金持有量的影响，可能会导致估计结果发生偏误，因此，本章对模型（4-4）采用了固定效应方法进行估计见表4-7的第（2）列。表4-7的第（2）列的数据表明，在考虑了公司的个体效应之后，Cashhold$_{it-1}$的系数有了较大幅度的降低，主并公司向目标现金持有量动态调整速度为0.7490（1 - 0.2510），现金持有量的调整半周期也从混合OLS估计方法下的2.04年下降到了0.93年。

Roodman（2006）研究表明，对于动态面板模型，被解释变量滞后项回归系数的混合OLS估计量和固定效应估计量分别上偏和下偏于其真实值，但是两者却构成了被解释变量滞后项回归系数真实值的合理区间。从表4-7第（1）列和第（2）列所列示的结果来看，Cashhold$_{it-1}$的系数应介于0.2510~0.6597之间。为了避免混合OLS估计量和固定效应估计量存在的偏误问题，本章采用系统GMM（Arellano和Bover，1995；Blundell和Bond，1998）对模型（4-4）进行估计，回归结果见表4-7第（3）列所示，在系统GMM估计方法的结果中，Cashhold$_{it-1}$的系数为0.5373，介于0.2510和0.6597之间，表明主并公司向目标现金持有量的调整速度为0.4627（1 - 0.5373），当以此速度进行现金持有量动态调整时，主并公司调整其实际现金持有量与目标现金持有量偏差的50%将要花费的时间为1.5年（调整半周期为1.5年）。

表4-7的数据显示，在混合OLS和固定效应两种估计方法下，资本性支出（Capex）的回归系数均在1%的置信水平上显著为负，这是由于公司的资本性支出增多将会导致公司的内部资源减少，因此积累下来的现金较少，这与Opler et al.（1999）的研究结论一致。在混合OLS和固定效应两种估计方法下，投资机会（Mtb）的回归系数均在1%的置信水平上显

著为正，这一结果表明当企业可获利的投资机会较多时，为了避免投资不足，企业倾向于持有较多的现金，这与 Kim et al.（1998）、Opler et al.（1999）、辛宇和徐莉萍（2006）的研究结论一致。在固定效应和系统GMM 两种估计方法下，公司规模（Size）的回归系数分别在 1% 和 5% 的置信水平上显著为正。这一结果表明，与小规模公司相比，大规模公司创造现金流的能力较强，因此持有的现金较多，这与连玉君和苏治（2008）、刘博研和韩立岩（2012）的研究结论一致。在混合 OLS、固定效应和系统GMM 三种估计方法下，现金替代物（Nwc）的回归系数均在 1% 的置信水平上显著为负。这是由于当公司发生资金短缺时，现金替代物资产能够迅速地以较低的成本转换为现金，因此，公司持有的现金替代物越多，其持有的现金越少（连玉君和苏治，2008；刘博研和韩立岩，2012）。在混合 OLS、固定效应和系统 GMM 三种估计方法下，财务杠杆（Lev）的回归系数均在 1% 的置信水平上显著为负，公司财务杠杆反映公司的举债能力，财务杠杆越高，公司举债能力越强。当公司需要资金时，可以从外部及时借入资金，而不需要持有大量现金，增加现金的持有成本。因此，财务杠杆越高的公司，举债能力越强，持有的现金越少。这与 Kim et al.（1998）、辛宇和徐莉萍（2006）、连玉君和苏治（2008）、刘博研和韩立岩（2012）的研究结论一致。在混合 OLS、固定效应和系统 GMM 三种估计方法下，现金流量（Cashflow）的回归系数分别在 1%、1% 和 5% 的置信水平上显著为正。现金流量是公司现金持有的重要来源，由于信息不对称和交易成本的存在，公司外部融资成本比内部融资成本高。为了降低融资成本，公司现金流量越大，倾向于保留的现金持有量越高（Opler et al.，1999；辛宇和徐莉萍，2006）。在系统 GMM 估计方法下，股利支付（Div）的回归系数在 5% 的置信水平上显著为负。支付股利的公司在未来需要资金时可以通过减少股利支付获得低成本资金，而且支付股利的公司更容易进入资本市场筹集资金。因此，支付股利的公司比不支付股利的公司持有的现金量少，这与 Opler et al.（1999）的研究结论一致。

表 4-8 列示了未发动并购公司的现金持有量动态调整模型（4-4）在三种不同估计方法下得到的回归结果。表 4-8 第（3）列的数据显示，在系统 GMM 估计方法的结果中，Cashhold$_{it-1}$ 的系数为 0.5971，介于固定效

应估计量（0.3094）和混合 OLS 估计量（0.6207）之间，表明未发动并购公司向目标现金持有量的调整速度为 0.4029（1 − 0.5971），而以此速度进行现金持有动态调整时，未发动并购公司调整其实际现金持有量与目标现金持有量偏差的 50% 将要花费的时间为 1.72 年（调整半周期为 1.72 年）。与同一考察期内主并公司现金持有量的调整速度相比，未发动并购公司现金持有量的调整速度较慢。

因此，本章估计得到的主并公司的现金持有量的调整速度（0.4627）快于未发动并购公司的现金持有量的调整速度（0.4029）。这说明并购作为公司重要的投资行为，是公司调整现金持有量的重要方式之一。当实际现金持有量偏离目标现金持有量时，上市公司会利用并购交易这一机会，积极地调整公司的现金持有量，以缩小与目标现金持有量的差距，假设 1 得到证明。

### 4.2.6　稳健性检验

表 4-9 列示了主并公司在不同估计区间下的现金持有量动态调整模型的系统 GMM 估计结果。

表4-9　不同估计区间下的现金持有量动态调整模型系统 GMM 估计结果

| 估计区间<br>变量 | Year[−3,−1] | Year[0,+1] | Year[+2,+3] |
|---|---|---|---|
| Cashhold$_{it-1}$ | 0.6583***<br>（5.45） | 0.5407***<br>（5.53） | 0.7114***<br>（7.43） |
| Capex | −0.9642**<br>（−2.01） | 0.5891<br>（1.60） | −1.3861**<br>（−2.47） |
| Mtb | −0.0258<br>（−0.98） | −0.0257<br>（−1.41） | 0.0238<br>（0.88） |
| Size | 0.0776<br>（0.76） | −0.0114<br>（−0.17） | 0.0712<br>（0.73） |
| Nwc | −0.5921***<br>（−3.15） | −0.4677***<br>（−2.65） | −0.8797***<br>（−5.60） |
| Lev | −1.3356***<br>（−3.10） | −0.1132<br>（−0.50） | −0.5431**<br>（−2.47） |
| Cashflow | 0.4840<br>（0.85） | −0.2447<br>（−0.63） | 0.0039<br>（0.01） |

| 估计区间<br>变量 | Year[−3,−1] | Year[0,+1] | Year[+2,+3] |
|---|---|---|---|
| Div | −0.0338<br>(−0.38) | 0.0158<br>(0.38) | 0.0290<br>(0.74) |
| _cons | 0.4398<br>(0.51) | 0.5937<br>(1.04) | 0.6715<br>(1.54) |
| Year | Yes | Yes | Yes |
| Wald chi2 | 140.52*** | 112.64*** | 169.20*** |
| 调整半周期 | 2.03 | 1.51 | 2.40 |
| AR（2）P值 | 0.2151 | 0.5982 | 0.6155 |
| Sargan P值 | 0.9909 | 0.8866 | 0.6043 |
| 样本数 | 1 759 | 1 820 | 1 785 |

注：（1）括号中为z值，*、**、***分别代表10%、5%、1%的显著性水平；（2）表中的参数估计值为两阶段系统GMM估计量；（3）Wald chi2统计量是对解释变量的联合显著性进行检验；（4）调整半周期=ln2/（1−x），x为Cashhold$_{it-1}$的系数估计值；（5）AR（2）P值为二阶序列相关检验得到的P值；（6）Sargan P值为对工具变量的合理性进行过度识别检验得到的P值。

表4-9的数据显示，在Year［−3,−1］、Year［0,+1］和Year［+2,+3］三个估计区间内，Cashhold$_{it-1}$的系数均在1%的置信水平上显著为正。在并购前三年到并购前一年（Year［−3,−1］）区间内，主并公司向目标现金持有量的调整速度为0.3417（1−0.6583），当以此速度进行现金持有量动态调整时，主并公司的调整半周期为2.03年；在并购当年到并购后一年（Year［0,+1］），主并公司向目标现金持有量的调整速度为0.4593（1−0.5407），当以此速度进行现金持有量动态调整时，主并公司的调整半周期为1.51年；在并购后两年到并购后三年（Year［+2,+3］）区间内，主并公司向目标现金持有量的调整速度为0.2886（1−0.7114），当以此速度进行现金持有量动态调整时，主并公司的调整半周期为2.4年。主并公司并购交易期间（Year［0,+1］）的现金持有量动态调整速度快于并购前（Year［−3,−1］）和并购后（Year［+2,+3］）的现金持有量动态调整速度，这说明上市公司利用并购交易这一机会，积极地调整公司的现金持有量，以缩小与目标现金持有量的差距。

## 4.3 ——— 并购前后主并公司现金持有量特征分析 ———

通过对主并公司现金持有量的绝对水平在并购前、并购中和并购后的差异进行比较，发现了主并公司现金持有量绝对水平在并购前、并购中和并购后的变化趋势，见表 4-10 和图 4-3。

表 4-10　　　主并公司并购前后的现金持有量描述性统计结果

| 年度 | 样本数 | 均值 | 中位数 | 标准差 | 25 分位数 | 75 分位数 |
|---|---|---|---|---|---|---|
| Year-3 | 1 721 | 0.1965 | 0.1321 | 0.2225 | 0.0678 | 0.2387 |
| Year-2 | 1 728 | 0.1991 | 0.1354 | 0.2172 | 0.0729 | 0.2464 |
| Year-1 | 1 730 | 0.2106 | 0.1439 | 0.2313 | 0.0769 | 0.2536 |
| Year0 | 1 727 | 0.2042 | 0.1421 | 0.2249 | 0.0775 | 0.2433 |
| Year+1 | 1 728 | 0.1979 | 0.1370 | 0.2145 | 0.0751 | 0.2315 |
| Year+2 | 1 722 | 0.1906 | 0.1261 | 0.2117 | 0.0709 | 0.2260 |
| Year+3 | 1 715 | 0.1737 | 0.1162 | 0.2007 | 0.0661 | 0.1983 |

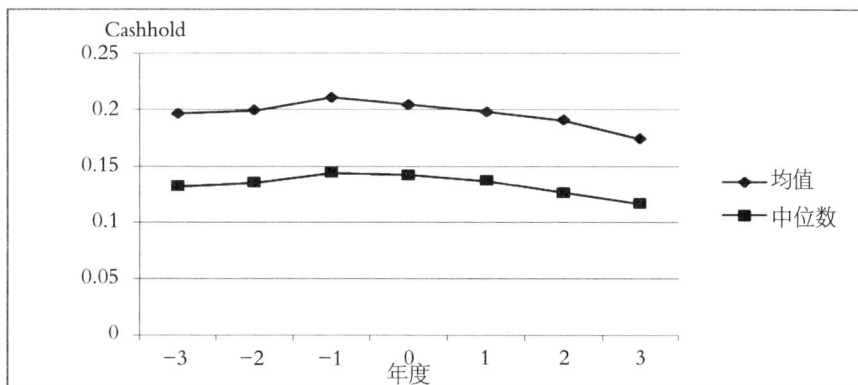

图 4-3　主并公司并购前后现金持有量的变化趋势

表 4-10 和图 4-3 的数据显示，在并购前三年（Year-3 至 Year-1），主并公司的现金持有量逐年增加，并购当年（Year0）主并公司的现金持有量减少，而在并购后三年（Year+1 到 Year+3），主并公司的现金持有量继续减少。并购前主并公司现金持有量增加的原因可能是为了满足并购交易对大额资金量的需求，主并公司积累大量现金以保障并购交易的顺利进行；并购当年主并公司现金持有量发生减少的原因可能是并购交易花费了

公司大量的资金；并购后主并公司现金持有量继续减少。

并购后主并公司现金持有量继续减少原因：一方面可能是在并购整合期，主并公司将会面临许多新的挑战和风险，需要对企业战略、企业财务、组织机构、人力资源、企业资产及企业文化等多个方面进行整合，只有对这些方面进行有效地整合，才能真正实现"1+1>2"的并购协同效应，而这些整合付出的大量人力、物力和财力造成并购后主并公司现金持有量的减少；另一方面可能是由于并购交易扩大了主并公司的规模，在一定程度上促进了公司投资规模的扩大和可选择的投资项目增加，从而使并购后公司的现金持有量发生减少。

图4-4展示了在并购前后主并公司现金持有量的绝对水平（Cashhold）、目标现金持有量（Cashhold*）和现金持有量的相对水平（Cashhold*-Cashhold，实际现金持有量与目标现金持有量的偏差）的变化过程。

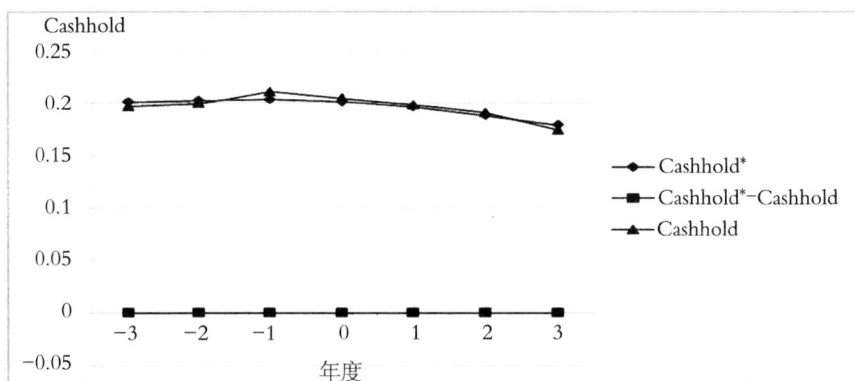

**图4-4　主并公司并购前后现金持有量的变化趋势（均值）**

从图4-4中现金持有量的绝对水平的变化可以发现，并购前三年主并公司增加其现金持有量，其原因可能是主并公司积累大量现金以满足并购交易对大额资金量的需求；并购后三年主并公司的现金持有量持续减少，其原因可能是并购整合和扩大投资花费了大量资金。虽然并购前主并公司增加了其现金持有量，并偏离了目标现金持有量，但是从长期来看，并购后主并公司降低了现金持有量，与目标现金持有量趋于一致。此外，从图4-4中还可以看出，主并公司的实际现金持有量与目标现金持有量存在一定的偏差，但是偏离程度比较稳定。这在一定程度上也说明，公司存在目标现金持有量，由于受到调整成本等因素的影响，公司的实际现金持有量围绕目标现金持有量上下波动。

## 4.4　不同并购对价方式下主并公司现金持有量特征分析

前文从并购前后主并公司现金持有量的绝对水平、目标现金持有量和现金持有量的相对水平（实际现金持有量与目标现金持有量的偏差）的变化趋势，分析了主并公司现金持有量的年度特征。接下来将从并购对价方式选择的角度进一步考察不同对价方式下的主并公司现金持有量的特征及其差异见表4-11和图4-5。

表4-11　不同并购对价方式下主并公司现金持有量的单因素检验

| 并购对价方式 | Cashhold（均值） | | |
| --- | --- | --- | --- |
| | Year[-3,-1] | Year0 | Year[+1,+3] |
| 现金对价方式（1） | 0.2041 | 0.2026 | 0.1846 |
| 股票对价方式（2） | 0.1827 | 0.2163 | 0.2098 |
| （1）-（2） | 0.0214 | -0.0137 | -0.0252 |
| t test | 2.1404** | -0.7812 | -2.6747*** |

注：t test 为组间均值差异 T 检验的 t 值，*、**、***分别代表10%、5%、1%的显著性水平。

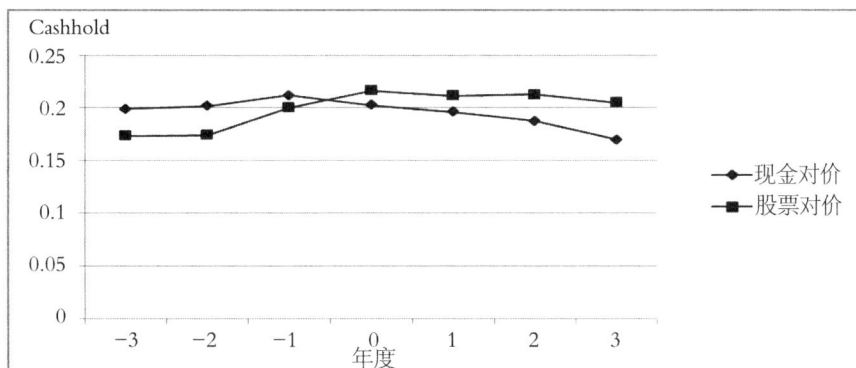

图4-5　不同并购对价方式下主并公司现金持有量的变化趋势

表4-11的数据显示，在并购前三年（Year［-3,-1］）和并购后三年（Year［+1,+3］）的并购交易中，采用现金对价方式和股票对价方式的主并公司其现金持有量的绝对水平（Cashhold）存在着显著差异，其差异在并购前三年（Year［-3,-1］）通过了5%的置信水平的显著性检验，而在并购后三年（Year［+1,+3］）通过了1%的置信水平的显著性检验。从现金持有量的均值来看，在并购前三年（Year［-3,-1］），采用现金对价方式主并公司的现金持有量绝对水平高于股票对价方式主并公司的现金持有量绝对水平，但在并购当年（Year0）和并购后三年（Year［+1,+3］），采用现金对价方式主并公司的现金持有量绝对水平低于股票对价方式主并公司的现金持有量绝对水平。初步表明主并公司通过并购对价方式的选择对其现金持有量进行了调整。此外，从图4-5中可以看出，不管采用现金对价方式的主并公司还是股票对价方式的主并公司，在并购前三年（Year［-3,-1］）均增加了其现金持有量，而在并购后三年（Year［+1,+3］）均减少了其现金持有量。

从现金持有量相对水平（实际现金持有量与目标现金持有量的偏差，Cashhold*-Cashhold）的角度进一步考察不同对价方式下的主并公司现金持有量的特征见表4-12。

表4-12　不同并购对价方式下目标现金持有量偏差的单因素检验

| 并购对价方式 | Cashhold*-Cashhold（均值） | | |
|---|---|---|---|
| | Year[-3,-1] | Year0 | Year[+1,+3] |
| 现金对价方式（1） | -0.0006 | -0.0012 | 0.0006 |
| 股票对价方式（2） | 0.0074 | 0.0106 | -0.0041 |
| （1）-（2） | -0.0080 | -0.0118 | 0.0047 |
| t test | -0.8768 | -0.7806 | 0.5672 |

注：t test为组间均值差异T检验的t值。

表4-12的数据显示，不同并购对价方式下的目标现金持有量偏差的单因素检验结果表明：在并购前三年（Year［-3,-1］），采用现金对价方式主并公司的目标现金持有量偏差的均值的绝对值低于采用股票对价方式主并公司的目标现金持有量偏差的均值的绝对值，且采用现金对价方式主并公司的目标现金持有量偏差的均值处于现金持有超额状态

（（Cashhold*−Cashhold）的均值<0），而采用股票对价方式主并公司的目标现金持有量偏差的均值处于现金持有不足状态（（Cashhold*−Cashhold）的均值>0）；在并购后三年（Year［+1,+3］），采用现金对价方式主并公司的目标现金持有量偏差的均值的绝对值低于采用股票对价方式主并公司的目标现金持有量偏差的均值的绝对值，且采用现金对价方式主并公司的目标现金持有量偏差的均值处于现金持有不足状态（（Cashhold*−Cashhold）的均值>0），而采用股票对价方式主并公司的目标现金持有量偏差的均值处于现金持有超额状态（（Cashhold*−Cashhold）的均值<0）。这一检验结果初步表明，主并公司通过并购对价方式的选择调整了其实际现金持有量与目标现金持有量之间的偏差。

图4−6展示了不同并购对价方式下目标现金持有量偏差的变化趋势，可以从直观上反映出主并公司通过选择不同的并购对价方式来调整其现金持有量。

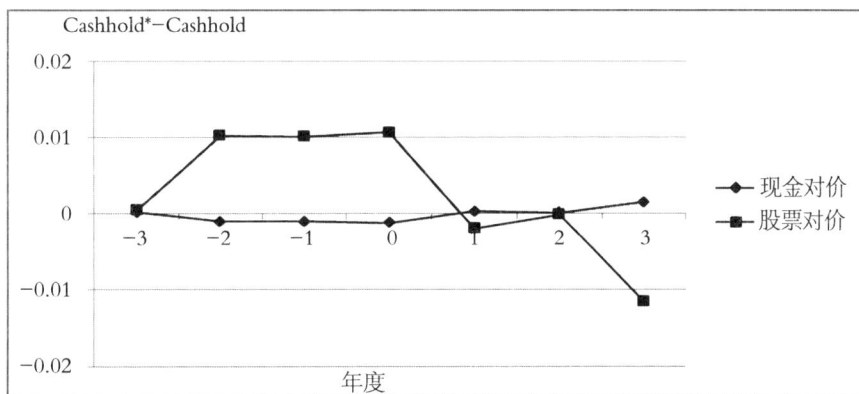

**图4-6　不同并购对价方式下目标现金持有量偏差的变化趋势**

从图4−6中可以看出，在并购前三年（Year［−3,−1］），选择现金对价方式的主并公司为现金持有超额公司，而其在交易中通过选择现金对价方式，降低了现金持有量，并购交易完成后三年（Year［+1,+3］）随着现金持有量的减少，逐渐调整为现金持有不足公司；在并购前三年（Year［−3,−1］），选择股票对价方式的主并公司为现金持有不足公司，而在并购交易完成后三年（Year［+1,+3］），随着公司规模的扩大和投资机会的增多，公司可以创造出更多的利润，取得更多的现金，从而逐渐调整为现金持有超额公司。

## 4.5 ———————————— 本章小结 ————————————

本章以2008年1月1日至2011年12月31日沪深上市公司发生的1 729笔成功并购交易为研究样本，对主并公司的现金持有量特征进行了分析，检验目标现金持有量的存在性。具体包括以下方面：（1）采用 Opler et al. (1999) 中的公司现金持有量均值回归模型来分析主并公司现金持有量的动态调整行为，研究结论表明主并公司的现金持有量具有"均值回归"的特征，意味着主并公司会将现金持有量控制在一个相对稳定的范围内。（2）构建现金持有量动态调整模型，研究主并公司现金持有量的动态调整机制。研究结论表明，系统 GMM 估计方法得到的主并公司向目标现金持有量的调整速度为0.4627（1 − 0.5373），当以此速度进行现金持有量动态调整时，主并公司调整其实际现金持有量与目标现金持有量偏差的50%将要花费的时间为1.5年（调整半周期为1.5年）。本章采用系统 GMM 估计方法得到的主并公司的现金持有量的调整速度（0.4627）快于文中系统GMM 估计方法得到的未发动并购公司的现金持有量的调整速度（0.4029）。这说明，并购作为公司重要的投资行为，是公司调整现金持有量的重要方式之一。当实际现金持有量偏离目标现金持有量时，上市公司会利用并购交易这一机会，积极地调整公司的现金持有量，以缩小与目标现金持有量的差距。（3）分析了并购前后主并公司现金持有量的特征和不同并购对价方式下主并公司现金持有量的特征。分析结果表明，主并公司会利用并购交易这一投资机会对其现金持有量进行动态调整。

# 第 5 章

# 公司现金持有超额的经济后果研究：并购决策角度

并购交易需要强有力的资金支持，那么，与其他企业相比，现金持有超额公司是否更可能发动并购？公司的代理冲突对并购决策又会产生什么影响？本章通过构建计量模型研究现金持有状况对并购决策的影响，分析主并公司现金持有状况与并购决策之间的关系，从并购决策的角度研究公司现金持有超额的经济后果。本章具体内容安排如下：5.1 节根据理论分析提出研究假设；5.2 节为具体的研究设计，包括样本选取、数据来源、模型设定和变量说明；5.3 节为实证结果分析，包括描述性统计分析、相关性分析和回归结果分析；5.4 节通过替换变量进行稳健性检验；5.5 节为本章小结。

## 5.1                  理论分析与研究假设

在完美的资本市场下，公司可以无成本地从外部资本市场筹集到投资所需的资金，这意味着公司的内部资金和外部资金不存在显著差异，因此，公司的最佳现金持有量为零（Modigliani 和 Miller，1958）。但是，现实资本市场由于信息不对称、代理成本和交易费用等因素的存在而并不完美，在投资机会、财务状况、经营风险等多方面因素的影响下，公司产生了不同的持有现金的动机，包括交易性动机和预防性动机（Keynes，

1936)。而这两种动机均不希望公司出现现金短缺的局面，更希望公司超额持有现金。企业持有现金的战略意义主要体现在以下两个方面：一是公司持有现金可以减少信息不对称所带来的问题，持有充足现金的公司能够及时抓住 NPV 为正的投资机会，而现金持有不足公司可能会因为资金短缺而放弃良好的投资机会（Myers et al.，1984）。二是由于现实资本市场并不完美，公司从外部资本市场进行筹资时需要支付大量费用，因此，管理者持有一定量的现金作为"缓冲储备"，增加公司的财务弹性。当公司近期的现金流量不能满足其投资需求时，以持有的现金来维持投资支出，从而减少了投资不足的问题，增加了股东财富。

然而，持有现金在给企业带来好处的同时，产生了巨大的潜在成本。一是监管成本。公司持有较多的现金会减少其外部融资的需要，但实际上外部资本市场对公司管理者具有一定的监管作用，公司在外部资本市场筹资有利于缓解代理冲突。因此，持有大量的现金使得管理者能够逃避因外部融资而必须接受外部投资者的严格监管，降低了外部资本市场控制代理冲突机制的有效性（Easterbrook，1984；Ozkan et al.，2004）。二是代理成本。Jensen 和 Meckling（1976）指出股东与管理者之间存在代理冲突，Jensen（1986）通过进一步分析认为，自由现金流是超出净现值大于零的投资项目需要的现金流量，从本质上分析，自由现金流是超额部分。股东希望将超额现金作为股利进行分配，但是为了逃避外部资本市场的监管，增加自身的权力范围，公司管理者有动机滥用自由现金流，将其用于有悖于股东财富的交易中。因此，当公司存在自由现金流时，代理冲突更加严重。Jensen（1986）的研究还发现，当公司存在自由现金流时，管理者倾向于将其用于发动并购。根据以上分析，本章提出两个对立假设：

假设 2a：根据现金持有的预防性动机，主并公司的超额现金持有与并购决策并无显著关系。

假设 2b：根据自由现金流假说，相对于现金持有不足公司，现金持有超额公司更可能发动并购。

## 5.2 ——————————————研究设计——————————————

### 5.2.1　样本选取与数据来源

本章以 2008—2011 年我国沪深上市公司为研究对象，剔除金融保险行业上市公司和财务指标存在异常值的上市公司，最终得到 6 565 个样本公司，构成上市公司样本数据库。上市公司样本期间各年末的财务数据来源于 CSMAR 中国上市公司财务报表数据库和 CSMAR 中国上市公司财务指标分析数据库，并根据上市公司样本期间的年度报告对相关样本数据进行补充与核对。

为了得到并购研究样本，本章按照以下标准对 2008 年 1 月 1 日至 2011 年 12 月 31 日沪深上市公司发生的并购事件进行了筛选：（1）由于非上市公司相关数据难以取得，因此仅保留主并公司是上市公司的并购事件；（2）将上市公司并购行为限定为资产收购、股权转让和吸收合并，不包括资产剥离、资产置换、债务重组和股份回购等广义形式的并购活动；（3）成功并购样本仅保留完全以现金或完全以股票作为并购对价方式的样本；（4）由于金融保险行业的特殊性，剔除了主并公司属于金融保险行业的并购样本；（5）对于同一主并公司在一年内宣告两笔或两笔以上的成功并购交易，仅保留该上市公司在该年内宣告的交易总价最大的成功并购交易；（6）剔除了财务指标存在缺失值的并购样本。根据上述标准对并购样本进行初步处理后，最终得到 2 606 笔未成功并购样本和 1 729 笔成功并购样本。其中，并购成功的样本中采用现金对价方式的有 1 541 笔，采用股票对价方式的有 188 笔。

并购相关数据来自 CSMAR 中国上市公司并购重组研究数据库，主并公司样本期间各年末财务数据来自 CSMAR 其他数据库。缺失的样本数据主要通过巨潮资讯网站、上海证券交易所和深圳证券交易所公布的年度报告信息进行补充。所有数据的预处理工作均在 Excel 2010 中进行，对预处理后的数据则在 STATA 11.0 中进行统计分析。同时，为了克服财务指标离群值的影响，本章对主要指标进行了Winsorized缩尾处理。

　　成功并购交易的年度分布情况见表5-1。表5-1的数据显示，在成功并购交易中，采用现金对价方式的比例为89.13%，采用股票对价方式的比例为10.87%，说明我国并购交易仍以现金对价方式为主。

表5-1　　　　　　　　成功并购交易年度分布情况

| 年度 | 并购交易数 | 现金对价 | | 股票对价 | |
|---|---|---|---|---|---|
| | | 交易数 | 比例 | 交易数 | 比例 |
| 2008 | 417 | 369 | 88.49% | 48 | 11.51% |
| 2009 | 380 | 337 | 88.68% | 43 | 11.32% |
| 2010 | 474 | 416 | 87.76% | 58 | 12.24% |
| 2011 | 458 | 419 | 91.48% | 39 | 8.52% |
| 合计 | 1 729 | 1 541 | 89.13% | 188 | 10.87% |

### 5.2.2　模型设定与变量说明

**1）模型设定**

　　由于观测到的主并公司并购决策为二元虚拟变量，因此使用Logit模型来估计现金持有偏离对并购决策的影响。具体模型构建如下：

$$M\&A= \alpha_0 +\alpha_1 Cashdeviation + \alpha_2 ROA + \alpha_3 Sales\_growth + \alpha_4 Tobinq + \alpha_5 Size +$$
$$\alpha_6 Lev + \sum Industry + \sum Year + \varepsilon \qquad 模型（5-1）$$

　　其中：被解释变量为并购决策（M&A）；解释变量为现金持有偏离（Cashdeviation）；控制变量为盈利能力（ROA）、发展速度（Sales_growth）、投资机会（Tobinq）、公司规模（Size）、财务杠杆（Lev）、行业虚拟变量（Industry）和年度虚拟变量（Year）。

**2）变量说明**

　　（1）被解释变量

　　并购决策（M&A）为虚拟变量，用来衡量公司发动并购的可能性。当主并公司在特定年份发起了并购交易（包括成功并购交易和未成功并购交易）时，M&A赋值为1，当主并公司在特定年份没有发起并购交易时，M&A赋值为0。

（2）解释变量

现金持有偏离（Cashdeviation）为并购前一年的主并公司实际现金持有量减去预期的正常现金需求量的差额。本章借鉴 Opler et al.（1999）的现金持有估计模型，预测主并公司的正常现金需求量。

（3）控制变量

盈利能力（ROA）：本章以主并公司并购前一年末的净利润与总资产余额之比来衡量上市公司的盈利能力。公司的盈利能力越强，能够积累的财富和资源越多，从而为发动并购创造有利条件。

发展速度（Sales_growth）：Asquith et al.（1983）、Roll（1986）、Harford（1999）认为，高速发展的上市公司更可能发动并购。本章以主并公司并购前一年的营业收入增长率衡量上市公司的发展速度，来检验上市公司的发展速度与并购决策之间的关系。

投资机会（Tobinq）：公司的投资机会越高，发生的代理成本越小，信息不对称程度越低，越有可能抓住有利的并购机会。Harford（1999）研究发现，只有在考虑了内部人持股比例因素后，上市公司的投资机会越大，发动并购的可能性才会越大。本章以主并公司并购前一年末的托宾Q值衡量上市公司的投资机会，来检验上市公司投资机会与其并购决策之间的关系。

公司规模（Size）：Asquith et al.（1983）、Roll（1986）、Harford（1999）认为，上市公司规模越大，发动并购的可能性越大。本章以主并公司并购前一年末总资产账面价值的自然对数来衡量上市公司规模，检验公司规模与并购决策之间的关系。

财务杠杆（Lev）：上市公司的财务杠杆越高，债务融资能力受到的约束越大（Faccio et al., 2005），从而影响到并购交易所需资金的筹集。连玉君等（2010）则认为，传统预算软约束机制的延续使债务悬置效应（Myers，1977）甚微，从而高财务杠杆的上市公司更容易进行债务融资。因此，与低财务杠杆的上市公司相比，高财务杠杆的上市公司更可能发动并购。Harford（1999）研究发现，上市公司的财务杠杆对其并购决策并无显著影响。本章以主并公司并购前一年末的总负债账面价值与总资产账面价值的比率，即财务杠杆来衡量上市公司的债务融资能力，检验公司财

务杠杆与并购决策之间的关系

同时，设置了行业虚拟变量（Industry）和年度虚拟变量（Year）来控制行业和年度对研究结果的影响。

模型（5-1）具体变量的定义与说明见表5-2。

表5-2　　　　　　　　　　　　**变量定义与说明**

| 变量符号 | 变量名称 | 变量说明 |
|---|---|---|
| M&A | 并购决策 | 虚拟变量，主并公司在特定年份发起并购交易（包括成功并购交易和未成功并购交易），主并公司发起并购交易，赋值为1；否则，赋值为0 |
| Cashdeviation | 现金持有偏离 | 并购前一年的主并公司实际现金持有量减去预期的正常现金需求量的差额 |
| ROA | 盈利能力 | 并购前一年末的净利润与总资产余额之比 |
| Sales_growth | 发展速度 | 并购前一年的营业收入增长率 |
| Tobinq | 投资机会 | 并购前一年末的托宾Q值 |
| Size | 公司规模 | 并购前一年末总资产账面价值的自然对数 |
| Lev | 财务杠杆 | 并购前一年末总负债账面价值与总资产账面价值之比 |
| Industry | 行业虚拟变量 | 根据中国证监会《上市公司行业分类指引》（2012年修订）的行业标准，剔除金融保险业，制造业采用二级代码分类，其他行业采用一级代码分类。当主并公司属于该行业，赋值为1；否则，赋值为0 |
| Year | 年度虚拟变量 | 并购交易发生在2008—2011年，设置3个年份虚拟变量。并购交易发生在当年，赋值为1；否则，赋值为0 |

## 5.3　　　　　　　　　　　　　实证结果分析

### 5.3.1　描述性统计分析

表5-3列示了模型（5-1）主要变量的描述性统计结果。

表 5-3　　　　　模型（5-1）主要变量的描述性统计结果

| 变量 | 样本数 | 均值 | 中位数 | 标准差 |
|---|---|---|---|---|
| M&A | 6 565 | 0.6603 | 1 | 0.4736 |
| Cashdeviation | 6 565 | −0.0054 | −0.0659 | 0.3828 |
| ROA | 6 565 | 0.0477 | 0.0409 | 0.0856 |
| Sales_growth | 6 217 | 0.2532 | 0.1462 | 0.7275 |
| Tobinq | 6 565 | 2.0833 | 1.7256 | 1.1297 |
| Size | 6 565 | 21.5315 | 21.4134 | 1.2875 |
| Lev | 6 565 | 0.5278 | 0.5075 | 0.2988 |

　　表 5-3 的数据显示，2008—2011 年我国超过半数的上市公司发动并购；上市公司的托宾 Q 的均值和中位数均大于 1，表明公司具有良好的投资机会；上市公司资产负债率的均值和中位数均超过 50%，表明半数以上的上市公司的债务融资占总体融资的比例超过 50%，说明负债资金是我国上市公司外部资金的主要组成部分。

## 5.3.2　相关性分析

　　为了避免模型中存在严重的多重共线性对回归结果产生不利影响，本章在对模型（5-1）进行回归分析之前，采用 Spearman 相关系数对模型（5-1）的解释变量和全部控制变量进行相关性分析。表 5-4 列示了模型（5-1）主要变量之间的 Spearman 相关系数，从相关性分析的结果来看，模型（5-1）的各变量之间的两两相关系数的绝对值均小于 0.5，表明模型（5-1）解释变量与全部控制变量之间的相关性均较弱，变量之间的多重共线性不会对模型（5-1）的回归结果产生严重的不利影响。

表 5-4　　　　模型（5-1）主要变量之间的 Spearman 相关系数

| 变量 | Cashdeviation | ROA | Sales_growth | Tobinq | Size | Lev |
|---|---|---|---|---|---|---|
| Cashdeviation | 1.0000 | | | | | |
| ROA | 0.0400*** | 1.0000 | | | | |
| Sales_growth | −0.0139 | 0.3432*** | 1.0000 | | | |
| Tobinq | 0.0864*** | 0.1593*** | 0.0211* | 1.0000 | | |
| Size | −0.3772*** | 0.0519*** | 0.1909*** | −0.3797*** | 1.0000 | |
| Lev | −0.0381*** | −0.3799*** | 0.0257** | −0.2124*** | 0.2549*** | 1.0000 |

　　注：*、**、***分别代表 10%、5%、1%的显著性水平。

### 5.3.3　回归结果分析

#### 1）现金持有估计模型回归结果分析

现金持有估计模型（4-2）的回归结果见表5-5。本章分别构建面板数据的固定效应模型、随机效应模型和混合OLS模型对上市公司的现金持有状况进行分析。

表5-5　　　　　　　　　　　模型（4-2）的回归结果

| 变量＼模型 | （1）个体和时间固定效应 | （2）固定效应 | （3）随机效应 | （4）混合OLS |
|---|---|---|---|---|
| Cashflow | 0.5507***（13.99） | 0.5395***（13.78） | 0.6623***（17.05） | 1.0849***（21.60） |
| Nwc | −0.6968***（−26.04） | −0.7055***（−26.42） | −0.5405***（−23.67） | −0.4322***（−19.99） |
| Capex | 0.0743（1.20） | 0.0530（0.87） | 0.1609***（2.74） | 0.3491***（5.20） |
| Mtb | 0.0130***（5.39） | 0.0112***（5.44） | 0.0148***（7.39） | 0.0163***（6.58） |
| Lev | −0.8214***（−23.90） | −0.8243***（−23.97） | −0.7891***（−27.63） | −0.6607***（−26.89） |
| Size | 0.0822***（8.20） | 0.0850***（9.72） | −0.0027（−0.47） | −0.0339***（−7.89） |
| Div | 0.0004（0.05） | 0.0007（0.07） | 0.0271***（2.97） | 0.0686***（6.69） |
| $Year_{2009}$ | 0.0189**（2.18） | | | 0.0451***（3.34） |
| $Year_{2010}$ | 0.0321***（4.07） | | | 0.1285***（10.17） |
| $Year_{2011}$ | 0.0097（1.15） | | | 0.1153***（9.11） |
| _cons | −1.2138***（−5.63） | −1.2497***（−6.64） | 0.6212***（4.93） | 1.0366***（10.65） |
| Industry | | | | Yes |
| 解释变量联合显著性检验统计量 | F=121.29*** | F=169.95*** | Wald chi²=1 623.06*** | F=115.59*** |
| 调整$R^2$ | 0.7697 | 0.7690 | | 0.3361 |
| Hausman检验 | | 491.15*** | | |
| 时间效应LR检验 | 26.15*** | | | |
| Wald检验 | 9.13*** | 9.35*** | | |
| B-P检验 | | | 1 829.98*** | |
| 样本数 | 6 565 | 6 565 | 6 565 | 6 565 |

注：括号中为t/z值，*、**、***分别代表10%、5%、1%的显著性水平。

表5-5的数据显示，个体和时间固定效应模型列（1）和固定效应模型列（2）的Wald检验结果表明，模型（4-2）存在个体效应，固定效应模型优于混合OLS模型。同时，个体和时间固定效应模型列（1）对时间固定效应的存在性进行了检验，时间效应LR检验的结果表明存在时间固定效应。将随机效应模型列（3）和混合OLS模型列（4）进行比较，通过对随机效应模型进行B-P检验表明存在面板效应，采用随机效应模型优于混合OLS模型。在固定效应模型列（2）与随机效应模型列（3）之间进行选择时，Hausman检验的结果表明采用固定效应模型优于随机效应模型。为了检验解释变量之间是否存在多重共线性，本章进行了方差膨胀因子（VIF）检验，发现解释变量VIF的最大值为2.39，均值为1.56，表明变量之间的多重共线性不会对模型（4-2）的回归结果产生严重的不利影响。因此，本章采用个体和时间固定效应模型的回归结果对上市公司的现金持有状况进行估计。

根据模型（4-2）的回归结果，可以得到2008—2011年上市公司现金持有状况与并购交易情况见表5-6。

表5-6　　2008—2011年上市公司现金持有状况与并购交易情况

| 类型 | 现金持有超额公司 | 现金持有不足公司 | 合计 |
|---|---|---|---|
| 发动并购 | 1 734 | 2 601 | 4 335 |
| 其中：成功并购 | 614 | 1 115 | 1 729 |
| 未成功并购 | 1 120 | 1 486 | 2 606 |
| 未发动并购 | 850 | 1 380 | 2 230 |
| 合计 | 2 584 | 3 981 | 6 565 |

表5-6的数据显示，2008—2011年的6 565家上市公司中有4 335家发动并购，比例高达66.03%。其中，并购成功的有1 729家，仅占发动并购公司的39.88%；2 584家样本公司超额持有现金，3 981家样本公司现金持有不足。在现金持有超额公司中，有1 734家（占67.11%）发动并购，仅有614家（占35.41%）并购成功；在现金持有不足公司中，有2 601家（占65.34%）发动并购，并购成功的有1 115家（占42.87%）。可见，现金持有超额公司中发动并购的公司占现金持有超额公司总数的比率稍高于现金持有不足公司中发动并购的公司占现金持有不足公司总数的比率。表

5-6的数据初步表明，与现金持有不足公司相比，现金持有超额公司更倾向于发动并购，但现金持有不足公司发动并购成功的比率远高于现金持有超额公司。

**2）现金持有状况对并购决策的影响**

表5-7列示了上市公司现金持有状况对并购决策影响的Logit回归结果。列（1）的结果显示，现金持有偏离（Cashdeviation）的回归系数为正，且在1%的置信水平上显著，表明上市公司的实际现金持有水平减去预期的正常现金需求的差额越大，越有可能发动并购。即相对于现金持有不足公司，现金持有超额公司发动并购的可能性更大，与假设2b的预测一致。

表5-7 现金持有状况与并购决策

| 模型 / 变量 | 预期符号 | （1） | （2） | （3） |
|---|---|---|---|---|
| Cashdeviation | + | 0.2999*** (3.07) | | |
| Cashdeviation×M_H1 | | | | 0.3012*** (2.74) |
| Cashdeviation×M_H2 | | | | 0.9112** (2.28) |
| Cashdeviation×M_H3 | | | | 0.0574 (0.26) |
| Cashrich | + | | 0.1832*** (2.89) | |
| ROA | + | 0.6004 (1.59) | 0.6360* (1.69) | 0.5960 (1.58) |
| Sales_growth | + | 0.0853** (2.00) | 0.0831* (1.95) | 0.0846** (1.98) |
| Tobinq | + | 0.0473 (1.57) | 0.0412 (1.38) | 0.0450 (1.50) |
| Size | + | 0.1236*** (4.39) | 0.1121*** (4.12) | 0.1226*** (4.34) |
| Lev | ? | 0.2063** (2.08) | 0.1890* (1.92) | 0.2049** (2.05) |
| _cons | | −2.1452*** (−3.28) | −1.9549*** (−3.06) | −2.1265*** (−3.25) |
| Industry | | Yes | Yes | Yes |
| Year | | Yes | Yes | Yes |
| LR chi2 | | 146.46*** | 145.23*** | 150.16*** |
| Pseudo R² | | 0.0185 | 0.0183 | 0.0189 |
| 样本数 | | 6 212 | 6 212 | 6 211 |

注：括号中为z值，*、**、***分别代表10%、5%、1%的显著性水平。

自由现金流假说认为，由于股东和管理者之间利益不一致，管理者为了谋取个人私利，会作出有损股东利益的决策，且随着股东与管理者之间利益分歧的扩大，公司存在自由现金流所产生的代理问题将进一步加剧。为了进一步验证假设2b，本章依据 Morck et al.（1988）的研究结果，采用高管持股比例（高级管理人员持股数/股本总数）作为替代变量，来衡量上市公司股东与管理者之间的代理冲突，并以高管持股比例（M_H）5%和25%为两个分界点，生成 M_H1、M_H2、M_H3三个虚拟变量，其含义分别为：当 M_H≤5%时，M_H1赋值为1，否则，赋值为0；当5%＜M_H≤25%时，M_H2赋值为1，否则，赋值为0；当 M_H＞25%时，M_H3赋值为1，否则，赋值为0。经统计，2008—2011年高管持股比例小于等于5%的上市公司高达6 068家；高管持股比例大于5%且小于等于25%的上市公司为237家；高管持股比例大于25%的上市公司为259家。这表明，我国大部分上市公司高管持股比例较低，股东和管理者之间利益不一致，存在严重的代理冲突。

为了研究上市公司代理冲突对研究结果的影响，本章以三个交乘变量 Cashdeviation×M_H1、Cashdeviation×M_H2 和 Cashdeviation×M_H3 替换变量 Cashdeviation，纳入模型（5-1）中进行 Logit回归，回归结果见表5-7第（3）列。从表5-7第（3）列的回归结果可以看出，交乘变量 Cashdeviation × M_H1 的回归系数在1%的置信水平上显著为正；Cashdeviation × M_H2 的回归系数在5%的置信水平上显著为正；Cashdeviation×M_H3的回归系数为正，但在统计上不显著。这表明现金持有偏离（Cashdeviation）对并购决策的影响因上市公司高管持股比例的不同而不同，根据表5-7第（3）列的回归结果，以高管持股比例25%为分界线，高管持股比例小于等于25%的现金持有超额公司更可能发动并购，表明随着管理者持股比例的增加，管理者发动并购的可能性越低，从而进一步支持了现金持有超额公司并购的代理动因。

此外，表5-7中第（1）列、第（2）列和第（3）列的回归结果表明，发展速度（Sales_growth）的回归系数分别在5%、10%和5%的置信水平上显著为正，表明上市公司的发展速度越快，发动并购的可能性越大，从而支持了 Asquith et al.（1983）、Roll（1986）、Harford（1999）等的观点。表5-7中第（1）列、第（2）列和第（3）列的公司规模（Size）的回归系数均在1%的置信水平上显著为正，表明公司规模越大，发动并购的可能性越大，从而支持了Asquith et al.（1983）、Roll（1986）、Harford（1999）等的观点。表5-7中第（1）列、第（2）列和第（3）列的财务杠杆（Lev）的回归系数分别在5%、10%和5%的置信水平上显著为正，表明上市公司的资产负债率越高，发动并购的可能性越大，表明我国上市公司的债务悬置效应（Myers，1977）甚微，高财务杠杆的上市公司更容易进行债务融资。因此，与低财务杠杆的上市公司相比，更容易进行债务融资的高财务杠杆上市公司发动并购的可能性更大，从而支持了连玉君等（2010）的观点。表5-7中第（1）列、第（2）列和第（3）列的投资机会（Tobinq）的回归系数均不显著，表明上市公司的投资机会对公司的并购决策并无显著影响。表5-7中第（2）列的盈利能力（ROA）的回归系数在10%的置信水平上显著为正，表明盈利能力强的上市公司更可能发动并购，但是，表5-7中第（1）列和第（3）列的盈利能力（ROA）的回归系数并不显著，没有得到与第（2）列相同的结论。

## 5.4  稳健性检验

为了增强研究结果的稳健性，本章依据上市公司实际现金持有量减去预期的正常现金需求的差额（Cashdeviation）产生虚拟变量Cashrich，将上市公司划分为现金持有超额公司和现金持有不足公司。即如果上市公司实际现金持有量减去预期的正常现金需求的差额大于零时，为现金持有超额公司，Cashrich赋值为1；如果上市公司实际现金持有量减去预期的正常现金需求的差额小于零时，为现金持有不足公司，Cashrich赋值为0。用Cashrich变量替换Cashdeviation变量，纳入到模型（5-1）中进行Logit回归分析，回归结果见表5-7第（2）列。从回归结果可以看出，Cashrich的回归系数在1%的置信水平上显著为正，表明相比于现金持有不足公司，现金持有超额公司更可能发动并购。

5.5 ————————————— **本章小结** —————————————

　　本章以 2008 年 1 月 1 日至 2011 年 12 月 31 日我国沪深上市公司及该段时间内上市公司发生的 2 606 笔未成功并购交易和 1 729 笔成功并购交易作为研究样本，构建 Logit 模型研究主并公司现金持有状况与并购决策之间的关系，从并购决策的角度研究公司现金持有超额的经济后果。研究结论表明，相对于现金持有不足公司，现金持有超额公司更可能发动并购。经过进一步研究发现，高管持股比例小于等于 25% 的现金持有超额上市公司更可能发动并购，表明现金持有超额公司更可能存在代理问题。

# 第 6 章

# 公司现金持有超额的经济后果研究：并购对价方式选择角度

Jensen（1986）提出了自由现金流假说，认为管理层为了谋取个人私利，宁愿将自由现金流投资于不能增加股东价值的项目也不愿将其分配给股东，而并购交易就是管理层支配自由现金流选择的主要方式。Jensen（1986）的观点将企业的现金持有与并购联系在一起，后来的学者进一步从不同的角度对两者的关系展开了深入研究。其中，Martin（1996）指出，主并公司的现金持有状况是并购对价方式选择的重要影响因素，主并公司持有的现金越多，选择现金对价方式的可能性越大。已有的研究没有考虑公司自身对现金的需求状况，认为主并公司的现金持有率与并购对价方式的选择是单调关系。然而，Keynes（1936）研究发现，现金作为流动性强但收益性差的资产，企业是出于交易性动机和预防性动机的需要才持有一定量的现金。那么，相对于公司现金需求的主并公司现金持有状况对并购对价方式的选择会产生怎样的影响？

本章通过构建 Logit 回归模型研究主并公司现金持有率和相对于公司现金需求的现金持有状况对并购对价方式选择的不同影响，从并购对价方式选择的角度研究公司现金持有超额的经济后果，以期厘清主并公司现金持有状况这一重要因素对并购对价方式选择的影响机理，从而进一步深化并购对价方式影响因素这一议题的研究，为主并公司更好地选择并购对价方式提供参考。本章具体内容安排如下：6.1 节根据理论分析提出研究假设；6.2节为具体的研究设计，包括样本选取、数据来源、模型设定和变量说明；6.3节为实证结果分析，包括描述性统计分析、相关性分析和回归结果分析；6.4节通过替换变量进行稳健性检验；6.5节为本章小结。

## 6.1 —————— 理论分析与研究假设 ——————

　　国外学者的研究成果证实了主并公司现金持有状况是并购对价方式选择的重要影响因素。Martin（1996）在研究并购对价方式的影响因素时提出了"可利用现金"假设，指出持有大量现金，或拥有高现金流，或有足够的负债能力的企业投资时更倾向使用现金对价方式。从实证结果来看，企业现金持有率越高，选择现金并购对价方式的几率越大。但是，Martin（1996）的研究并没有考虑主并公司的融资约束程度。Alshwer（2011）将样本分成融资约束组和非融资约束组，研究结论由于分组标准选择的不同而有所不同。研究结果表明，融资约束组企业的现金持有率越高，选择现金并购对价方式的几率越大，且结果在5%或10%的置信水平上显著；而非融资约束组企业的现金持有率与并购对价方式的选择并无显著关系。上述研究均没有考虑公司自身对现金的需求状况，认为主并公司的现金持有率与并购对价方式的选择是单调关系。

　　Harford（1999）在研究企业现金持有与并购的关系时发现，与其他公司相比，现金充裕公司更可能发动并购，而并购宣告引起的主并公司股票价格下跌和并购后主并公司经营业绩的下滑表明，现金充裕公司发动的是价值降低的并购活动。Harford（1999）考虑了公司自身的现金需求，将样本分为现金充裕公司和其他公司，研究了相对于公司现金需求的主并公司现金持有状况对并购决策、并购绩效的影响。章细贞和张琳（2014）研究发现，当企业自由现金流量充裕时，过度自信的管理者才会实施更多的并购活动，而这些并购活动将会加大企业的财务风险。

　　不同于已有的研究，本章通过实证分析主并公司的现金持有率和相对于公司现金需求的现金持有状况对并购对价方式选择的不同影响，以期厘清公司现金持有状况这一重要因素对并购对价方式选择的影响机理。

公司并购的对价方式主要有现金对价方式、股票对价方式和混合对价方式三种。其中，现金对价方式具有简便、快捷的特点，最容易被并购双方接受。Netter et al.（2011）通过对世界各国并购交易采用的对价方式进行比较发现，现金对价方式所占的比重最大。从主并公司的角度来看，现金对价方式不会影响公司的股权结构，股东不用担心控制权稀释问题；从目标公司的角度来看，现金对价方式能够使其在出售资产或股权后立刻收到现金，与其他的支付方式相比，收益最稳定，风险最小。因此，主并公司会认为目标公司更愿意接受现金对价方式，在并购前会有计划、有步骤地增加现金持有量。根据以上分析，本章提出假设3。

假设3：从并购双方的偏好来看，主并公司的现金持有率越高，越倾向于选择现金对价方式。

Jensen（1986）的研究指出，当公司的现金流量超过支付股利和投资净现值为正的项目所需时，管理者为了谋取个人私利，宁愿将自由现金流投资于不能增加股东价值的项目也不愿分配给股东，而并购交易就是管理者支配自由现金流选择的主要方式。Harford（1999）认为，公司的现金流在满足净现值为正的投资项目的需求后，才会产生现金储备（Cash Reserves），超额持有现金储备的公司更可能发动并购，而并购宣告引起的主并公司股票价格下跌和并购后主并公司经营业绩的下滑表明，超额持有现金储备的公司发动的是价值降低的并购活动。Harford的研究结论支持了并购交易中的自由现金流假说。

Jensen（1986）和Harford（1999）的研究结论均强调公司的现金流在满足公司净现值为正的投资项目的需求后，超出需求的部分才是管理层为了谋取私利而支配的部分。Harford（1999）指出，即使现金持有率相同的两家公司，由于各自对现金的需求存在差异，一家可能是现金充裕公司，而另一家则不是。因此，当主并公司由于资本支出或对外投资等原因导致其自身现金需求量较大时，即使其现金持有率高，在并购中也不一定会选择现金对价方式。也就是说，主并公司现金持有率对并购对价方式的选择并不会产生显著影响。

本章通过对主并公司实际现金持有量与正常现金需求的比较，界定主并公司是否超额持有现金，并以是否超额持有现金来衡量相对于公司现金需求的主并公司现金持有状况[1]。结合 Martin（1996）"可利用现金"假设的分析，本章认为当主并公司超额持有现金时，管理层为了谋取个人私利，增加对超额现金的控制，在并购中更倾向于选择现金对价方式。根据以上分析，本章提出假设 4a 和假设 4b。

假设 4a：在不考虑主并公司现金持有状况的情况下，主并公司的现金持有率与并购对价方式的选择不存在显著关系。

假设 4b：相对于公司现金需求的主并公司现金持有状况与并购对价方式的选择存在显著关系，即相对于现金持有不足的主并公司，现金持有超额主并公司的现金持有率越高，越倾向于选择现金对价方式。

## 6.2 ———————— 研究设计 ————————

### 6.2.1　样本选取与数据来源

本章以 2008 年 1 月 1 日至 2011 年 12 月 31 日沪深上市公司发生的并购事件为研究样本，并按照以下标准对并购事件样本进行了筛选：（1）由于非上市公司相关数据难以取得，因此仅保留主并公司是上市公司的并购事件；（2）仅保留交易成功的并购事件；（3）将上市公司并购行为限定为资产收购、股权转让和吸收合并，不包括资产剥离、资产置换、债务重组和股份回购等广义形式的并购活动；（4）仅保留完全以现金或完全以股票作为并购对价方式的样本；（5）由于金融保险行业的特殊性，剔除了主并公司属于金融保险行业的并购样本；（6）对于同一主并公司在一年内宣告两笔或两笔以上的并购交易，仅保留该上市公司在该年内宣告的交易总价最大的并购交易；（7）剔除了财务指标存在缺失值的并购样本。根据上述标准对样本进行初步处理后，最终得到 1 729 笔成功并购交易样本，其中，现金持有超额公司发动的成功并购交易为 614 笔，现金持有不足公司发动的成功并购交易为 1 115 笔[2]。在 1 729 笔成功并购交易样本中，采用现金

---

① 具体测算方法见第 5 章。
② 此处现金持有超额公司发动的成功并购交易 614 笔和现金持有不足公司发动的成功并购交易 1 115 笔来自第 5 章的研究结果。

对价方式的有1 541笔（占89.13%），采用股票对价方式的有188笔（占10.87%），说明我国并购交易仍以现金对价方式为主。

并购相关数据来自国泰安数据库中的中国上市公司并购重组研究数据库，主并公司样本期间各年末的财务数据来自国泰安其他数据库。缺失的样本数据主要通过巨潮资讯网站、上海证券交易所和深圳证券交易所公布的年度报告信息进行补充。所有数据的预处理工作均在Excel 2010中进行，对预处理后的数据则在STATA 11.0中进行统计分析。同时，为了克服财务指标离群值的影响，本章对主要指标进行了Winsorized缩尾处理。

### 6.2.2　模型设定与变量说明

#### 1）模型设定

本章研究主并公司现金持有状况对并购对价方式选择的影响，由于被解释变量——并购对价方式为二元虚拟变量，因此，使用Logit模型估计不同现金持有状况下主并公司的现金持有率对并购对价方式选择的影响，检验假设3和假设4。具体模型构建如下：

$$Dj = \alpha_0 + \alpha_1 Cashhold + \alpha_2 Resize + \alpha_3 Control + \alpha_4 Tobinq + \alpha_5 Lev + \sum Industry + \sum Year + \varepsilon$$

模型（6-1）

其中：被解释变量为并购对价方式（Dj）；解释变量为现金持有率（Cashhold）；控制变量为相对交易规模（Resize）、公司控制权（Control）及其平方项（Control²）、投资机会（Tobinq）、财务杠杆（Lev）、行业虚拟变量（Industry）和年度虚拟变量（Year）。

#### 2）变量说明

（1）被解释变量

并购对价方式（Dj）为二元虚拟变量，当上市公司在特定年份宣告的并购交易选择股票对价方式时，Dj赋值为0；当上市公司在特定年份宣告的并购交易选择现金对价方式时，Dj赋值为1。

（2）解释变量

现金持有率为主并公司并购前一年末的现金持有率。本章借鉴Opler et al.（1999）、杨兴全和孙杰（2006）的衡量方法，以主并公司并购前一年末的现金及现金等价物余额与年末非现金资产（年末资产总额 – 年末现金及现金等价物余额）的比率来衡量主并公司并购前一年末的现金持有率。

（3）控制变量

相对交易规模（Resize）：Hansen（1987）研究发现，并购双方的信息不对称程度越高，主并公司为了分担信息不对称风险，越倾向选择股票对价方式。Martin（1996）、Faccio 和 Masulis（2005）认为，相对于主并公司资产规模而言，并购交易目标的规模越大，并购双方的信息不对称程度越高，主并公司选择股票对价方式的可能性越高。因此，本章以并购交易金额与主并公司并购前一年末总资产账面价值之比（相对交易规模）来衡量并购双方信息不对称程度。

公司控制权（Control）：Jung et al.（1996）认为，在并购中使用股票对价方式会带来股东控制权稀释的风险，因此控股股东在并购中不会使用股票对价方式。Martin（1996）、Faccio 和 Masulis（2005）则认为，公司控制权对并购中选择股票对价方式的影响是非线性的，即当主并公司股权高度集中或高度分散时，股东和管理层并不会担心控制权稀释问题；当股权集中度处于中间水平时，控制权稀释问题才会得到重视。因此，为了避免控制权稀释，股权集中度越高，主并公司选择股票对价方式的可能性越低。为了检验主并公司控制权与并购对价方式选择之间的关系，本章以主并公司并购前一年末第一大股东持股比例来衡量公司控制权，同时采用其平方项（$Control^2$）来检验公司控制权与并购对价方式选择之间是否存在非线性关系。

投资机会（Tobinq）：借鉴 Martin（1996）、Jung et al.（1996）的做法，采用主并公司并购前一年末的托宾 Q 值衡量主并公司的投资机会。Martin（1996）研究发现，具有高投资机会的主并公司为了避免公司在并购后因现金短缺导致投资不足，在并购中更倾向于选择股票作为对价方式。李善民和陈涛（2009）、Ismail 和 Krause（2010）研究发现，主并公司的投资机会对并购对价方式的选择不存在显著影响。

财务杠杆（Lev）：Faccio 和 Masulis（2005）认为，主并公司的财务杠杆越高，债务融资能力受到的约束越大，在并购中越倾向于选择股票对价方式。连玉君等（2010）则认为，由于上市公司的债务融资主要来源于银行存款，具有国企背景的上市公司更容易获得银行贷款，传统预算软约束机制的延续使债务悬置效应（Myers，1977）甚微。因此，高财务杠杆的上市公司更容易进行债务融资，在并购中更倾向于选择现金对价方式。为了检验主并公司债务融资能力与并购对价方式选择之间的关系，本章以主并公司并购前一年末总负债账面价值与总资产账面价值的比率，即财务杠杆来衡量主并公司的债务融资能力。

同时，设置了行业虚拟变量（Industry）和年度虚拟变量（Year）来控制行业和年度对研究结果的影响。

模型（6-1）具体变量的定义与说明见表6-1。

表6-1 变量定义与说明

| 变量符号 | 变量名称 | 变量说明 |
|---|---|---|
| Dj | 并购对价方式 | 虚拟变量，当并购交易选择现金对价方式时，赋值为1；当并购交易选择股票对价方式时，赋值为0 |
| Cashhold | 现金持有率 | 并购前一年末的现金及现金等价物余额与年末非现金资产（年末资产总额－年末现金及现金等价物余额）之比 |
| Resize | 相对交易规模 | 并购交易金额与主并公司并购前一年末总资产账面价值之比 |
| Control | 公司控制权 | 并购前一年末第一大股东持股比例 |
| Tobinq | 投资机会 | 并购前一年末的托宾Q值 |
| Lev | 财务杠杆 | 并购前一年末总负债账面价值与总资产账面价值之比 |
| Industry | 行业虚拟变量 | 根据中国证监会《上市公司行业分类指引》（2012年修订）的行业标准，剔除金融保险业，制造业采用二级代码分类，其他行业采用一级代码分类。当主并公司属于该行业，赋值为1；否则，赋值为0 |
| Year | 年度虚拟变量 | 并购交易发生在2008—2011年，设置3个年份虚拟变量。当并购交易发生在当年，赋值为1；否则，赋值为0 |

## 6.3 ——————————— 实证结果分析 ———————————

### 6.3.1　描述性统计分析

表 6-2 列示了全样本主并公司模型（6-1）主要变量的描述性统计结果。表 6-3 分组列示了现金持有不足主并公司和现金持有超额主并公司模型（6-1）的主要变量的描述性统计结果和主要变量的组间比较结果。

表 6-2　全样本主并公司模型（6-1）主要变量的描述性统计结果

| 变量 | 样本数 | 均值 | 中位数 | 标准差 |
|---|---|---|---|---|
| Dj | 1 729 | 0.8913 | 1 | 0.3114 |
| Cashhold | 1 729 | 0.2188 | 0.1438 | 0.2990 |
| Resize | 1 729 | 0.3270 | 0.0267 | 1.3443 |
| Control | 1 729 | 36.1757 | 34.8600 | 15.1471 |
| Tobinq | 1 729 | 2.0777 | 1.7255 | 1.1166 |
| Lev | 1 729 | 0.5538 | 0.5428 | 0.2673 |

表 6-3　模型（6-1）主要变量的分组描述性统计和组间比较

| 变量 | 现金持有不足主并公司 | | | | 现金持有超额主并公司 | | | | Mann-Whitney U Z 值 |
|---|---|---|---|---|---|---|---|---|---|
| | 样本数 | 均值 | 中位数 | 标准差 | 样本数 | 均值 | 中位数 | 标准差 | |
| Dj | 1 115 | 0.8897 | 1 | 0.3134 | 614 | 0.8941 | 1 | 0.3079 | −0.284 |
| Cashhold | 1 115 | 0.1430 | 0.1109 | 0.1140 | 614 | 0.3564 | 0.2353 | 0.4462 | −15.606*** |
| Resize | 1 115 | 0.2503 | 0.0234 | 1.1070 | 614 | 0.4661 | 0.0343 | 1.6844 | −4.001*** |
| Control | 1 115 | 36.5538 | 35.5200 | 15.3394 | 614 | 35.4890 | 33.8200 | 14.7790 | 1.212 |
| Tobinq | 1 115 | 2.0186 | 1.7124 | 1.0443 | 614 | 2.1849 | 1.7530 | 1.2308 | −1.909* |
| Lev | 1 115 | 0.5361 | 0.5300 | 0.2222 | 614 | 0.5860 | 0.5809 | 0.3318 | −3.036*** |

注：对现金持有不足主并公司和现金持有超额主并公司的模型（6-1）的主要变量进行组间比较时，采用非参数检验（Mann-Whitney U）秩和检验，其显著程度用 Z 值表示，*、**、***分别代表 10%、5%、1% 的显著性水平。

表 6-3 的数据显示，现金持有超额主并公司的现金持有率（Cashhold）的均值和中位数分别是现金持有不足主并公司现金持有率的均值和中位数的两倍多，初步表明本书第5章对上市公司是否超额持有现金的界定具有一定的合理性和准确性。现金持有超额主并公司的并购相对交易规模（Resize）的均值和中位数均显著高于现金持有不足主并公司的并购相对交易规模的均值和中位数，表明现金持有超额主并公司会并购规模相对较大的交易标的。现金持有超额主并公司投资机会（Tobinq）的均值和中位数均显著高于现金持有不足主并公司投资机会的均值和中位数，表明现金持有超额主并公司拥有更好的投资机会。现金持有超额主并公司和现金持有不足主并公司的财务杠杆（Lev）的均值和中位数均超过50%，表明半数以上的主并公司的债务融资占总体融资的比例超过50%，这说明负债资金是主并公司外部资金的主要组成部分。同时，现金持有超额主并公司财务杠杆的均值和中位数均显著高于现金持有不足公司财务杠杆的均值和中位数，表明与现金持有不足主并公司相比，现金持有超额主并公司的融资更多地依赖债务融资。

### 6.3.2　相关性分析

为了避免模型中存在严重的多重共线性对回归结果产生不利影响，本章在进行 Logit 回归分析前，采用 Pearson 相关系数对模型（6-1）的解释变量和全部控制变量分组进行相关性分析。表 6-4、表 6-5 和表 6-6 分别列示了全样本主并公司、现金持有超额主并公司和现金持有不足主并公司模型（6-1）的解释变量和全部控制变量的 Pearson 相关系数。

从表 6-4、表 6-5 和表 6-6 所列示的 Pearson 相关系数中可以看出，各样本组除了 Control 与 Control² 之间的相关系数高于 0.5 以外，其余变量之间的两两相关系数的绝对值均小于 0.5，表明变量之间的多重共线性不会对模型（6-1）的回归结果产生严重的不利影响。另外，由于 Control 与 Control² 的高度相关性，本章分别将 Control 与 Control² 纳入模型（6-1）中进行回归分析。

表6-4　全样本主并公司模型（6-1）主要变量之间的Pearson相关系数

| 变量 | Cashhold | Resize | Control | Control² | Tobinq | Lev |
|---|---|---|---|---|---|---|
| Cashhold | 1.0000 | | | | | |
| Resize | 0.1248*** | 1.0000 | | | | |
| Control | −0.0798*** | −0.0822*** | 1.0000 | | | |
| Control² | −0.0729*** | −0.0713*** | 0.9766*** | 1.0000 | | |
| Tobinq | 0.1763*** | 0.1726*** | −0.1983*** | −0.1889*** | 1.0000 | |
| Lev | −0.1796*** | −0.3479*** | −0.0420* | −0.0379 | −0.0812*** | 1.0000 |

注：*、**、***分别代表10%、5%、1%的显著性水平。

表6-5　现金持有超额主并公司模型（6-1）主要变量之间的Pearson相关系数

| 变量 | Cashhold | Resize | Control | Control² | Tobinq | Lev |
|---|---|---|---|---|---|---|
| Cashhold | 1.0000 | | | | | |
| Resize | 0.1621*** | 1.0000 | | | | |
| Control | −0.0884** | −0.1509*** | 1.0000 | | | |
| Control² | −0.0783* | −0.1214*** | 0.9763*** | 1.0000 | | |
| Tobinq | 0.1916*** | 0.1739*** | −0.2244*** | −0.2192*** | 1.0000 | |
| Lev | −0.2416*** | 0.4176*** | −0.0274 | −0.0000 | −0.0455 | 1.0000 |

注：*、**、***分别代表10%、5%、1%的显著性水平。

表6-6　现金持有不足主并公司模型（6-1）主要变量之间的Pearson相关系数

| 变量 | Cashhold | Resize | Control | Control² | Tobinq | Lev |
|---|---|---|---|---|---|---|
| Cashhold | 1.0000 | | | | | |
| Resize | −0.0444 | 1.0000 | | | | |
| Control | −0.0911*** | −0.0264 | 1.0000 | | | |
| Control² | −0.0806*** | −0.0305 | 0.9768*** | 1.0000 | | |
| Tobinq | 0.1747*** | 0.1651*** | −0.1806*** | −0.1688*** | 1.0000 | |
| Lev | −0.2515*** | 0.2506*** | −0.0501* | −0.0632** | −0.1308*** | 1.0000 |

注：*、**、***分别代表10%、5%、1%的显著性水平。

## 6.3.3 回归结果分析

表6-7列示了模型（6-1）的回归结果。

表6-7            **模型（6-1）的回归结果**

| 变量 | 全样本 | | 现金持有超额主并公司 | | 现金持有不足主并公司 | |
|---|---|---|---|---|---|---|
| Cashhold | 0.5992 | 0.6067 | 0.6400* | 0.6396* | −1.4186 | −1.4054 |
| | (1.50) | (1.52) | (1.67) | (1.67) | (−1.41) | (−1.40) |
| Resize | −0.6714*** | −0.6699*** | −0.4923*** | −0.4889*** | −1.1806*** | −1.1808*** |
| | (−7.73) | (−7.73) | (−5.43) | (−5.43) | (−6.98) | (−6.99) |
| Control | −0.0047 | | 0.0009 | | −0.0075 | |
| | (−0.79) | | (0.08) | | (−0.99) | |
| Control² | | −0.0000 | | 0.0001 | | −0.0001 |
| | | (−0.47) | | (0.41) | | (−0.91) |
| Tobinq | 0.1472 | 0.1535 | −0.0045 | 0.0021 | 0.3344** | 0.3392** |
| | (1.53) | (1.60) | (−0.03) | (0.02) | (2.36) | (2.40) |
| Lev | −0.0247 | −0.0155 | 0.0544 | 0.0562 | −0.7253 | −0.7176 |
| | (−0.07) | (−0.04) | (0.12) | (0.12) | (−1.35) | (−1.34) |
| _cons | 3.4718*** | 3.3448*** | 2.4601* | 2.4107* | 16.2052 | 16.0456 |
| | (3.07) | (3.00) | (1.93) | (1.96) | (0.02) | (0.02) |
| Industry | Yes | Yes | Yes | Yes | Yes | Yes |
| Year | Yes | Yes | Yes | Yes | Yes | Yes |
| LR chi² | 172.45 | 172.06 | 84.27 | 84.43 | 132.16 | 131.98 |
| Prob>chi² | 0.0000 | 0.0000 | 0.0000 | 0.0000 | 0.0000 | 0.0000 |
| PseudoR² | 0.1453 | 0.1450 | 0.2050 | 0.2054 | 0.1717 | 0.1715 |
| 样本数 | 1 719 | 1 719 | 598 | 598 | 1 096 | 1 096 |

注：括号中为z值，*、**、***分别代表10%、5%、1%的显著性水平。

表6-7的数据显示，全样本主并公司的现金持有率（Cashhold）的回归系数为正，但在统计上并不显著，表明主并公司现金持有率与并购对价方式的选择不存在显著关系，这与假设3的预测不一致，与假设4a的预测一致。现金持有超额主并公司的现金持有率的回归系数在10%的置信水平上显著为正；现金持有不足主并公司的现金持有率的回归系数不显著，说明与现金持有不足主并公司相比，现金持有超额主并公司更倾向于选择现

116

金作为对价方式，这与假设 4b 的预测一致。研究结论表明，主并公司现金持有状况是并购对价方式选择的重要影响因素，但是主并公司的现金持有率对并购对价方式选择的影响并不显著，而相对于公司现金需求的主并公司现金持有状况对并购对价方式的选择存在显著影响。其原因可能是当主并公司由于资本支出或对外投资等原因导致其自身现金需求量较大时，即使持有大量现金，主并公司也不一定会选择现金对价方式。只有当主并公司超额持有现金时，管理者为了谋取个人私利，增加对超额现金的控制，才会倾向于选择现金对价方式。

从表 6-7 中可以看出，在三个样本组模型（6-1）的回归结果中，相对交易规模（Resize）的回归系数均在 1% 的置信水平上显著为负，说明并购交易的相对交易规模越大，越倾向于选择股票对价方式，从而支持了 Martin（1996）、Faccio 和 Masulis（2005）的观点。全样本主并公司和现金持有超额主并公司的投资机会（Tobinq）的回归系数均不显著，表明投资机会对并购对价方式的选择并不存在显著影响，与李善民和陈涛（2009）、Ismail 和 Krause（2010）的研究结论一致，但是现金持有不足主并公司并没有得到相同的结论。第一大股东持股比例（Control）及其平方项（Control$^2$）的回归系数均不显著，说明主并公司第一大股东的持股比例对并购对价方式的选择并不存在显著影响，并没有得到与 Jung et al.（1996）、Martin（1996）、Faccio 和 Masulis（2005）相类似的观点。其原因可能是由于我国上市公司的股权结构具有"一股独大"的特点，因此，控股股东在选择并购对价方式时并不担心控制权稀释问题。财务杠杆（Lev）的回归系数均不显著，表明财务杠杆对并购对价方式的选择并不存在显著影响，这与 Faccio 和 Masulis（2005）、连玉君等（2010）的研究结论不同。

## 6.4 —————— 稳健性检验 ——————

为了检验上述回归结果是否受公司现金持有率的衡量方法的影响，本章借鉴 Foley et al.（2007）的衡量方法，以主并公司并购前一年末的现金及现金等价物余额与年末非现金资产（年末资产总额－年末现金及现金等价物余额）比率的自然对数来衡量主并公司并购前一年末的现金持有率，对模型（6-1）的回归结果进行稳健性检验，稳健性检验结果见表6-8。从表6-7和表6-8的对比中可以看出，稳健性检验结果与前文的结论基本一致。因此，可以认为本章的研究结论受公司现金持有率衡量方法的影响较小，具有一定的稳健性。

表6-8　　　　　　　　　模型（6-1）的稳健性检验结果

| 变量 | 全样本 | | 现金持有超额主并公司 | | 现金持有不足主并公司 | |
|---|---|---|---|---|---|---|
| Cashhold | 0.1191 | 0.1213 | 0.2564* | 0.2551* | −0.0788 | −0.0780 |
| | (1.35) | (1.37) | (1.93) | (1.92) | (−0.59) | (−0.58) |
| Resize | −0.6489*** | −0.6473*** | −0.4684*** | −0.4645*** | −1.1786*** | −1.1789*** |
| | (−7.55) | (−7.55) | (−5.48) | (−5.48) | (−6.93) | (−6.94) |
| Control | −0.0044 | | 0.0006 | | −0.0072 | |
| | (−0.74) | | (0.06) | | (−0.96) | |
| Control$^2$ | | −0.0000 | | 0.0001 | | −0.0001 |
| | | (−0.42) | | (0.39) | | (−0.89) |
| Tobinq | 0.1569 | 0.1633* | 0.0262 | 0.0334 | 0.3246** | 0.3292** |
| | (1.64) | (1.71) | (0.20) | (0.25) | (2.29) | (2.33) |
| Lev | 0.0123 | 0.0225 | 0.2288 | 0.2285 | −0.6399 | −0.6338 |
| | (0.03) | (0.06) | (0.46) | (0.46) | (−1.17) | (−1.16) |
| _cons | 3.7811*** | 3.6629*** | 2.9511** | 2.8930** | 15.8475 | 15.6979 |
| | (3.34) | (3.29) | (2.30) | (2.34) | (0.02) | (0.02) |
| Industry | Yes | Yes | Yes | Yes | Yes | Yes |
| Year | Yes | Yes | Yes | Yes | Yes | Yes |
| LR chi$^2$ | 171.97 | 171.60 | 84.90 | 85.06 | 130.58 | 130.44 |
| Prob>chi$^2$ | 0.0000 | 0.0000 | 0.0000 | 0.0000 | 0.0000 | 0.0000 |
| PseudoR$^2$ | 0.1449 | 0.1446 | 0.2065 | 0.2069 | 0.1697 | 0.1695 |
| 样本数 | 1 719 | 1 719 | 598 | 598 | 1 096 | 1 096 |

注：括号中为z值，*、**、***分别代表10%、5%、1%的显著性水平。

## 6.5 ——————————— 本章小结 ———————————

本章以 2008 年 1 月 1 日至 2011 年 12 月 31 日沪深上市公司发生的 1 729 笔成功并购交易为研究样本，采用 Logit 模型研究了主并公司现金持有率和相对于公司现金需求的现金持有状况对并购对价方式选择的不同影响，从并购对价方式选择的角度研究公司现金持有超额的经济后果，并得出以下主要结论：

第一，主并公司现金持有率和相对于公司现金需求的现金持有状况对并购对价方式选择的影响不同，表明在研究主并公司现金持有状况对并购对价方式选择的影响时需要考虑公司自身的现金需求。

第二，主并公司现金持有率对并购对价方式选择的影响不显著，一方面表明主并公司在并购对价方式的选择中不会单纯地以并购双方的偏好为出发点；另一方面表明主并公司因自身的现金需求不同会间接影响到并购对价方式的选择。

第三，主并公司相对于公司现金需求的现金持有状况对并购对价方式的选择存在显著影响。相对于现金持有不足的主并公司，现金持有超额主并公司的现金持有率越高，越倾向于选择现金对价方式。本章对 Martin（1996）的"可利用现金"假设做了更进一步的验证，实证结果表明，主并公司的现金持有率与并购对价方式的选择不存在单调关系，该假设只成立于现金持有超额主并公司。现金持有超额主并公司的股东可以通过加强监督和增加激励等方式缓解并购对价方式选择中可能出现的股东与管理者之间的代理冲突，减少代理成本，选择有利于增加并购绩效的对价方式。

# 第 7 章

# 公司现金持有超额的经济后果研究：并购绩效角度

并购绩效不仅可以反映并购交易的实际效果，也可以间接地推断公司发动并购的动因（Trautwein，1990）。基于此，本章通过构建计量模型实证分析现金持有状况对短期并购绩效和长期并购绩效的影响，从并购绩效的角度研究公司现金持有超额的经济后果，也为检验现金持有超额公司的并购动因提供有力的佐证。本章具体内容安排如下：7.1 节根据理论分析提出研究假设；7.2 节为具体的研究设计，包括样本选取、数据来源、模型设定和变量说明；7.3 节为实证结果分析，包括描述性统计分析、相关性分析、单变量检验和回归结果分析；7.4 节为本章小结。

## 7.1 —————— 理论分析与研究假设 ——————

Jensen（1986）指出，现金持有超额公司更可能做出减少企业价值的投资决策。Jensen 的结论得到了众多学者研究成果的支持。Pinkowitz et al.（2002）研究发现，公司的现金持有价值因其投资机会和面临的财务困境水平的不同而不同，面临严重财务困境的公司和投资机会少的公司的现金持有价值较低。Richardson（2006）分析指出，自由现金流越多的企业，发生过度投资的概率越大。Oler et al.（2009）指出，与现金持有水平低的公司相比，现金持有水平高的公司未来收益显著为负，但是，并未进一步探讨并购与公司未来收益的关系。Harford（1999）研究发现，并购是现金持有超额公司做出的减少企业价值的特殊投资决策。

Jensen（1986）和Harford（1999）指出，公司管理者追求个人利益而滥用的是自由现金流，即"满足所有净现值大于零的投资项目所需的资金后多出的那部分现金流量"。例如，现金持有绝对量和现金持有率相等的两家公司，因每家公司对现金的正常需求不同，导致两家公司的现金持有状况存在差异，一家可能是现金持有超额公司，另一家则可能是现金持有不足公司。因此，本章提出假设5和假设6：

假设5：现金持有超额主并公司的现金持有量与并购绩效负相关。

假设6：现金持有不足主并公司的现金持有量与并购绩效不存在显著关系。

## 7.2　研究设计

### 7.2.1　样本选取与数据来源

本章以2008年1月1日至2011年12月31日沪深上市公司发生的并购事件为研究样本，并按照以下标准对并购事件样本进行了筛选：（1）由于非上市公司相关数据难以取得，因此仅保留主并公司是上市公司的并购事件；（2）仅保留交易成功的并购事件；（3）将上市公司并购行为限定为资产收购、股权转让和吸收合并，不包括资产剥离、资产置换、债务重组和股份回购等广义形式的并购活动；（4）仅保留完全以现金或完全以股票作为并购对价方式的样本；（5）由于金融保险行业的特殊性，剔除了主并公司属于金融保险行业的并购样本；（6）对于同一主并公司在一年内宣告两笔或两笔以上的并购交易，仅保留该上市公司在该年内宣告的交易总价最大的并购交易；（7）剔除了财务指标存在缺失值的并购样本。根据上述标准对样本进行初步处理后，最终得到1 729笔成功并购样本，其中，现金持有超额公司发动的成功并购交易为614笔，现金持有不足公司发动的成功并购交易为 1 115 笔[①]。

并购相关数据来自国泰安数据库中的中国上市公司并购重组研究数据库，主并公司样本期间各年末财务数据来自国泰安其他数据库。缺失的样本数据主要通过巨潮资讯网站、上海证券交易所和深圳证券交易所公布的年度报告信息进行补充。所有数据的预处理工作均在 Excel 2010 中进行，对预处理后的数据则在 STATA 11.0 中进行统计分析。同时，为了克服财务指标离群值的影响，本章对主要指标进行了 Winsorized 缩尾处理。

### 7.2.2　模型设定与变量说明

#### 1）模型设定

模型（7-1）、模型（7-2）和模型（7-3）分别检验主并公司并购前现金持有量对短期并购绩效（CAR）和长期并购绩效（$BHAR_{24}$、$\Delta ROA$）的影响。

$$CAR = \gamma_0 + \gamma_1 \, Cashhold + \gamma_2 \, Dj + \gamma_3 \, Resize + \gamma_4 \, Tobinq + \gamma_5 \, Size +$$
$$\gamma_6 \, Lev + \sum Industry + \sum Year + \varepsilon \qquad 模型（7-1）$$

$$BHAR_{24} = \gamma_0 + \gamma_1 \, Cashhold + \gamma_2 \, Dj + \gamma_3 \, Resize + \gamma_4 \, Tobinq + \gamma_5 \, Size +$$
$$\gamma_6 \, Lev + \sum Industry + \sum Year + \varepsilon \qquad 模型（7-2）$$

$$\Delta ROA = \gamma_0 + \gamma_1 \, Cashhold + \gamma_2 \, Dj + \gamma_3 \, Resize + \gamma_4 \, Tobinq + \gamma_5 \, Size +$$
$$\gamma_6 \, Lev + \sum Industry + \sum Year + \varepsilon \qquad 模型（7-3）$$

其中：被解释变量为累计超额收益率（CAR）、购买-持有异常收益（$BHAR_{24}$）和总资产收益率的变化值（$\Delta ROA$）；解释变量为现金持有率（Cashhold）；控制变量为并购对价方式（Dj）、相对交易规模（Resize）、投资机会（Tobinq）、公司规模（Size）、财务杠杆（Lev）、行业虚拟变量（Industry）和年度虚拟变量（Year）。

#### 2）变量说明

（1）被解释变量

模型（7-1）中的被解释变量为并购首次公告日前后若干个交易日公

---

① 此处现金持有超额公司发动的成功并购交易614笔和现金持有不足公司发动的成功并购交易1 115笔来自第5章的研究结果。

司股票价格的累计超额收益率（CAR），用来衡量短期并购绩效。累计超额收益率的计算首先根据市场模型（Brown et al.，1985）进行估算，即 $R_{it} = \alpha_i + \beta_i R_{mt} + \varepsilon$。其中，$R_{it}$ 为在 t 时期考虑现金红利再投资的股票 i 的日回报率，$R_{mt}$ 为在 t 时期考虑现金红利再投资的市场 m 的日回报率。本章借鉴潘红波等（2008）、王化成等（2010）的做法，选取了并购首次公告日前 150 个交易日至前 30 个交易日作为市场模型中参数 $\alpha$ 和 $\beta$ 的估计区间，然后计算出并购首次公告日前后 10 个交易日的预测值，并以实际值减去预测值来计算并购首次公告日前后 10 个交易日的超额收益。

表 7-1 列示了并购首次公告日前后 10 个交易日的平均超额收益率。从表 7-1 中可以看出，在并购首次公告日之前的第 3 个交易日到并购首次公告日之后的第 5 个交易日，平均超额收益率均显著异于 0，因此，本章选取 [-3,5] 窗口计算累计超额收益率。

表 7-1 　　　　　　**并购首次公告日前后 10 个交易日平均超额收益率**

| 交易日 | 均值 | 交易日 | 均值 | 交易日 | 均值 | 交易日 | 均值 | 交易日 | 均值 | 交易日 | 均值 | 交易日 | 均值 |
|---|---|---|---|---|---|---|---|---|---|---|---|---|---|
| -10 | 0.0000 (0.0525) | -7 | -0.0006 (-0.9854) | -4 | 0.0004 (0.5666) | -1 | 0.0055*** (7.4854) | +2 | 0.0004 (0.4715) | +5 | -0.0012* (-1.9060) | +8 | -0.0003 (-0.4771) |
| -9 | 0.0006 (0.8739) | -6 | 0.0005 (0.7405) | -3 | 0.0013** (2.0946) | 0 | 0.0054*** (5.1041) | +3 | -0.0001 (-0.1926) | +6 | -0.0007 (-1.1420) | +9 | 0.0001 (-0.1418) |
| -8 | 0.0006 (0.9723) | -5 | 0.0006 (1.0519) | -2 | 0.0033*** (5.1044) | +1 | 0.0017* (1.9411) | +4 | -0.0011* (-1.6697) | +7 | -0.0005 (-0.7880) | +10 | -0.0017*** (-2.6811) |

注：括号中为 t 值，*、**、*** 分别代表 10%、5%、1% 的显著性水平。

模型（7-2）和模型（7-3）中的被解释变量分别为购买-持有异常收益（Buy and Hold Abnormal Return，BHAR）和总资产收益率的变化值（$\Delta$ROA）。为了保证研究结果的稳健性，本章分别采用 BHAR 和 $\Delta$ROA 这两个指标来衡量长期并购绩效。

购买-持有异常收益衡量从购买公司股票并一直持有到考察期结束这段时间，公司股票收益率超过市场组合或对应组合收益率的大小。本章借鉴 Gregory（1997）、李善民等（2006）、陈仕华等（2013）的研究，计算主并公司 i 并购后 [0,T] 月 BHAR 的公式为：$BHAR_{iT} = \prod_{t=0}^{T}(1 + R_{it}) - \prod_{t=0}^{T}(1 + R_{pt})$，其中：$R_{it}$ 为主并公司 i 在 t 月的月收益率；$R_{pt}$为对应组合在 t 月的月收益率；T=0~24，t=0 表示并购当月，t=1 表示并购后一个月，依此类推。本章对于 $R_{pt}$ 的计算借鉴李善民等（2006）、陈仕华等（2013）的交叉分组方法：首先，根据所有上市公司在 n 年 6 月份的流通市值规模，从小到大排序后均分成 5 组；其次，根据所有上市公司在 n−1 年 12 月份的权益账面/市值比（每股权益/年末收盘价），对上述 5 组从小到大排序后再次均分成 5 组。因此，任一年份的所有上市公司被均分成 25 组，然后对任一年份的 25 组公司，分别计算各组的等权月收益率，即 $R_{pt}$ 主并公司 i 在任一年份所在的组就是其对应的组合，该组合的 $R_{pt}$ 即主并公司 i 对应组合的月收益率。

同时，本章采用总资产收益率的变化值（ΔROA），即并购首次公告日前后两年的总资产收益率的变化值来衡量长期并购绩效，具体计算方法借鉴吴超鹏等（2008）、Cai 和 Sevilir（2012）、陈仕华等（2013）的做法：首先，为了避免行业因素对公司的总资产收益率（ROA）可能产生的显著影响，本章依据中国证监会《上市公司行业分类指引》（2012 年修订）的行业标准（制造业采用二级代码分类，其他行业采用一级代码分类）对主并公司的总资产收益率进行行业调整，即用主并公司的总资产收益率减去公司所在行业的总资产收益率的中位数。然后，用主并公司并购首次公告日之后两年（n+1 年，n+2 年）总资产收益率的均值减去并购首次公告日前两年（n−2 年，n−1 年）总资产收益率的均值，即总资产收益率的变化值（ΔROA）。

（2）解释变量

现金持有率（Cashhold）。模型（7−1）、模型（7−2）和模型（7−3）的解释变量为主并公司并购前一年末的现金持有率。本章借鉴 Opler et al.（1999）的衡量方法，以主并公司并购前一年末的现金及现金等价物余额与年末非现金资产（年末资产总额 − 年末现金及现金等价物余额）的比值来衡量主并公司并购前一年末的现金持有率。

（3）控制变量

在借鉴 Travlos（1987）、Andrade et al.（2001）、李善民等（2004）、杜兴强等（2007）、王江石（2010）、Martynova 和 Renneboog（2011）已有研究成果的基础上，本章设置了并购对价方式（Dj）、相对交易规模

（Resize）、投资机会（Tobinq）、公司规模（Size）、财务杠杆（Lev）作为模型（7-1）、模型（7-2）和模型（7-3）的控制变量，来控制其他因素对回归结果的影响。同时还设置了行业虚拟变量（Industry）和年度虚拟变量（Year）来控制行业和年度对研究结果的影响。

　　并购对价方式（Dj）：中外学者关于并购对价方式对主并公司并购绩效的影响形成了以下三种不同的研究结论：一是采用股票对价方式的主并公司并购绩效优于采用现金对价方式的主并公司并购绩效。Chatterjee 和Kuenzi（2001）研究发现，采用股票对价方式可以向外部投资者传递其未来具有可获利的项目和良好的发展前景等利好消息，因此，主并公司采用股票对价方式的并购绩效为正。Chang（1998）、Draper 和 Paudyal（2006）指出，在公司并购非上市公司时，采用股票对价方式才能使并购绩效为正。Micah et al.（2009）认为，与现金对价方式相比，主并公司采用股票对价方式可以降低其因现金流短缺而陷入财务困境的可能性。陈涛和李善民（2011）、王江石（2010）研究指出，采用股票对价方式的主并公司的并购绩效优于采用现金对价方式的主并公司的并购绩效。二是采用现金对价方式的主并公司的并购绩效优于采用股票对价方式的主并公司的并购绩效。Stulz et al.（2004）研究发现，在考虑了并购交易的规模效应后，采用现金对价方式的主并公司的并购绩效为正，而采用股票对价方式的主并公司的并购绩效为负。Martynova 和 Renneboog（2011）认为，主并公司采用现金对价方式会向市场传递其对并购协同效应具有良好预期的信息，主并公司采用现金对价方式的并购绩效显著为正。杜兴强和聂志萍（2007）、张晶和张永安（2011）认为，主并公司采用现金对价方式具有信号传递的作用，因此采用现金对价方式的主并公司能够获得显著为正的超常收益，而采用股票对价方式则相反。三是并购对价方式对并购绩效无显著影响（Faccio 和 Sengupta，2006）。为了检验并购对价方式对并购绩效的影响，本章选择并购对价方式（Dj）作为模型（7-1）、模型（7-2）和模型（7-3）的控制变量，当主并公司在特定年份宣告的并购交易为股票对价时，Dj 赋值为 0；当主并公司在特定年份宣告的并购交易为现金对价时，Dj 赋值为 1。

　　相对交易规模（Resize）：并购绩效需要并购后并购双方对资源进行

有效整合后才能实现。在并购整合过程中，并购双方不仅需要对生产经营资源进行重新组合，还需要对企业运作方式、企业制度和企业文化等方面进行协调和融合。因此，并购整合过程需要花费大量的人力、财力和物力，同时，还有可能存在整合失败的风险。并购相对交易规模与并购后融合的困难程度及成本正相关，并购相对交易规模越大，并购后融合的困难程度越大，需要支出的成本越高（李善民等，2004）。王江石（2010）研究发现，并购相对交易规模越大，市场的认可程度就越高，主并公司股东将获得更多的累积超常收益。为了检验并购相对交易规模对并购绩效的影响，本章选择并购相对交易规模（Resize）作为模型（7-1）、模型（7-2）和模型（7-3）的控制变量，借鉴已有文献中的衡量方法，本章采用并购交易金额与主并公司并购前一年末总资产的账面价值之比来衡量相对交易规模。

投资机会（Tobinq）：Lang et al.（1991）认为，拥有较多投资机会的公司在投资项目的选择上具有较多的灵活性，因此，这些公司更有可能选择净现值为正的并购项目，从而获得正的并购绩效。Faccio 和 Masulis（2005）、宋希亮（2010）则认为，拥有较多投资机会的公司通常需要支付更高的研发费用，因此，主并公司的投资机会越多，并购后的超常收益反而越低。为了检验投资机会对并购绩效的影响，本章选择投资机会作为模型（7-1）、模型（7-2）和模型（7-3）的控制变量，并采用主并公司并购前一年末的托宾 Q 值作为主并公司投资机会的替代变量。

公司规模（Size）：一方面，与小规模公司相比，大规模公司的外部融资成本较低（Barclay 和 Clifford，1995），这在一定程度上会诱使大规模公司进行过度投资和盲目并购，从而对投资收益和并购绩效的取得产生不利影响；另一方面，与小规模企业相比，大规模企业通常具有较丰富的经营管理经验和良好的发展资源，因此能够对并购后双方的资源进行较有效地整合，获得正的并购绩效。为了检验公司规模对并购绩效的影响，本章选择公司规模作为模型（7-1）、模型（7-2）和模型（7-3）的控制变量，采用主并公司并购前一年末总资产账面价值的自然对数来衡量公司规模。

财务杠杆（Lev）：财务杠杆较高的公司向市场传递了高额负债资金可能会使公司陷入破产困境等消息，因此在短期内对并购交易产生不利的市场反应（Maloney et al.，1993）。但是，负债对公司管理决策的制定具有一定的约束作用，从长期来看，主并公司的财务杠杆较高，有利于提高会计收益。为了检验财务杠杆对并购绩效的影响，本章选择财务杠杆作为模型（7-1）、模型（7-2）和模型（7-3）的控制变量，采用主并公司并购前一年末总负债账面价值与年末总资产账面价值之比来衡量财务杠杆。

同时，设置了行业虚拟变量（Industry）和年度虚拟变量（Year）来控制行业和年度对研究结果的影响。

模型（7-1）、模型（7-2）和模型（7-3）具体变量的定义与说明见表7-2。

表7-2　　　　　　　　　　　　　变量定义与说明

| 变量符号 | 变量名称 | 变量说明 |
|---|---|---|
| CAR | 累计超额收益率 | 并购宣告前后[-3,5]窗口期的累计超额收益率 |
| $BHAR_{24}$ | 购买-持有异常收益 | 购买并持有公司股票24个月，公司股票收益率超过对应组合收益率的大小 |
| $\Delta ROA$ | 总资产收益率的变化值 | 并购首次公告日前后两年的总资产收益率的变化值 |
| Cashhold | 现金持有率 | 并购前一年末的现金及现金等价物余额与年末非现金资产（年末资产总额－年末现金及现金等价物余额）的比值 |
| Dj | 并购对价方式 | 虚拟变量，以现金作为对价方式，Dj赋值为1；股票作为对价方式，Dj赋值为0 |
| Resize | 相对交易规模 | 并购交易金额与主并公司并购前一年末总资产账面价值之比 |
| Tobinq | 投资机会 | 并购前一年末的托宾Q值 |
| Size | 公司规模 | 并购前一年末总资产账面价值的自然对数 |
| Lev | 财务杠杆 | 并购前一年末总负债账面价值与年末总资产账面价值之比 |
| Industry | 行业虚拟变量 | 根据中国证监会《上市公司行业分类指引》（2012年修订）的行业标准，剔除金融保险业，制造业采用二级代码分类，其他行业采用一级代码分类。当主并公司属于该行业，赋值为1；否则，赋值为0 |
| Year | 年度虚拟变量 | 并购交易发生在2008—2011年，设置3个年份虚拟变量。当并购交易发生在当年，赋值为1；否则，赋值为0 |

## 7.3 ——————— 实证结果分析 ———————

### 7.3.1 描述性统计分析

表7-3分组报告了现金持有不足主并公司和现金持有超额主并公司模型（7-1）、模型（7-2）和模型（7-3）主要变量的描述性统计结果及其主要变量的组间比较结果。

表7-3 　　　　　　　模型（7-1）、模型（7-2）和模型（7-3）
主要变量的描述性统计和组间比较

| 变量 | 现金持有不足主并公司 | | | | 现金持有超额主并公司 | | | | Mann-Whitney U Z值 |
| --- | --- | --- | --- | --- | --- | --- | --- | --- | --- |
| | 样本数 | 均值 | 中位数 | 标准差 | 样本数 | 均值 | 中位数 | 标准差 | |
| Cashhold | 1 115 | 0.1430 | 0.1109 | 0.1140 | 614 | 0.3564 | 0.2353 | 0.4462 | −15.606*** |
| Dj | 1 115 | 0.8897 | 1 | 0.3134 | 614 | 0.8941 | 1 | 0.3079 | −0.284 |
| Resize | 1 115 | 0.2503 | 0.0234 | 1.1070 | 614 | 0.4661 | 0.0343 | 1.6844 | −4.001*** |
| Tobinq | 1 115 | 2.0186 | 1.7124 | 1.0443 | 614 | 2.1849 | 1.7530 | 1.2308 | −1.909* |
| Size | 1 115 | 22.0192 | 21.8725 | 1.2288 | 614 | 21.4374 | 21.4053 | 1.2132 | 9.085*** |
| Lev | 1 115 | 0.5361 | 0.5300 | 0.2222 | 614 | 0.5860 | 0.5809 | 0.3318 | −3.036*** |
| CAR[−3,5] | 1 070 | 0.0173 | −0.0007 | 0.1147 | 572 | 0.0116 | −0.0013 | 0.1060 | 0.658 |
| BHAR24 | 1 084 | −0.0354 | −0.0926 | 0.4401 | 575 | −0.0389 | −0.1013 | 0.4395 | 0.158 |
| ΔROA | 1 109 | −0.0084 | −0.0093 | 0.0539 | 613 | −0.0039 | −0.0074 | 0.0577 | −1.380 |

注：对现金持有不足主并公司和现金持有超额主并公司模型（7-1）、模型（7-2）和模型（7-3）的主要变量进行组间比较时，采用非参数检验（Mann-Whitney U）秩和检验，其显著程度用Z值表示，*、**、***分别代表10%、5%、1%的显著性水平。

表7-3的数据显示，现金持有超额主并公司的现金持有率的均值和中位数分别是现金持有不足主并公司现金持有率的均值和中位数的两倍多，初步表明本书第5章对上市公司是否超额持有现金的界定具有一定的合理性和准确性。现金持有超额主并公司的并购相对交易规模（Resize）的均值和中位数均显著高于现金持有不足主并公司的相对并购交易规模的均值

和中位数，表明现金持有超额主并公司会并购规模相对较大的交易标的。现金持有超额主并公司投资机会（Tobinq）的均值和中位数均显著高于现金持有不足主并公司投资机会的均值和中位数，表明现金持有超额主并公司拥有更好的投资机会。现金持有超额主并公司和现金持有不足主并公司的财务杠杆（Lev）的均值和中位数均超过 50%，表明半数以上的主并公司的债务融资占总体融资的比例超过 50%，说明负债资金是主并公司外部资金的主要组成部分。同时，现金持有超额主并公司的财务杠杆的均值和中位数均显著高于现金持有不足主并公司的财务杠杆的均值和中位数，表明与现金持有不足主并公司相比，现金持有超额主并公司的融资更多地依赖债务融资。从公司规模（Size）的均值和中位数来看，现金持有超额主并公司的公司规模显著小于现金持有不足主并公司的公司规模。现金持有超额主并公司的并购对价方式（Dj）的均值高于现金持有不足主并公司的并购对价方式的均值，说明与现金持有不足主并公司相比，现金持有超额主并公司选择现金对价方式的可能性更高。现金持有不足主并公司的累计超额收益率（CAR）与购买-持有异常收益（BHAR₂₄）的均值和中位数均大于现金持有超额主并公司的累计超额收益率与购买-持有异常收益的均值和中位数，表明从市场反应的角度来看，现金持有不足主并公司的短期并购绩效和长期并购绩效均高于现金持有超额主并公司。现金持有不足主并公司的总资产收益率的变化值（$\Delta$ROA）的均值和中位数均小于现金持有超额主并公司的总资产收益率的变化值的均值和中位数，表明从会计收益的角度来看，现金持有不足主并公司的长期并购绩效低于现金持有超额主并公司的长期并购绩效。

## 7.3.2　相关性分析

为了避免模型中存在严重的多重共线性对回归结果产生不利影响，本章在对模型（7-1）、模型（7-2）和模型（7-3）进行回归分析之前，采用 Spearman 相关系数对模型（7-1）、模型（7-2）和模型（7-3）的解释变量和全部控制变量进行相关性分析。表 7-4、表 7-5 和表 7-6 分别列示了全样本主并公司、现金持有超额主并公司和现金持有不足主并公司模型（7-1）、模型（7-2）和模型（7-3）的主要变量之间的 Spearman 相关系数。

表7-4 全样本主并公司模型（7-1）、模型（7-2）、模型（7-3）

主要变量之间的Spearman相关系数

| 变量 | Cashhold | Dj | Resize | Tobinq | Size | Lev |
|---|---|---|---|---|---|---|
| Cashhold | 1.0000 | | | | | |
| Dj | 0.0518** | 1.0000 | | | | |
| Resize | 0.0434* | −0.4143*** | 1.0000 | | | |
| Tobinq | 0.1194*** | 0.0190 | 0.0869*** | 1.0000 | | |
| Size | −0.0822*** | 0.1186*** | −0.2904*** | −0.3797*** | 1.0000 | |
| Lev | −0.4015*** | −0.0982*** | −0.0669*** | −0.2124*** | 0.2549*** | 1.0000 |

注：*、**、***分别代表10%、5%、1%的显著性水平。

表7-5 现金持有超额主并公司模型（7-1）、模型（7-2）、模型（7-3）

主要变量之间的Spearman相关系数

| 变量 | Cashhold | Dj | Resize | Tobinq | Size | Lev |
|---|---|---|---|---|---|---|
| Cashhold | 1.0000 | | | | | |
| Dj | 0.0877** | 1.0000 | | | | |
| Resize | 0.0290 | −0.4237*** | 1.0000 | | | |
| Tobinq | 0.0995*** | −0.0187 | 0.0518 | 1.0000 | | |
| Size | −0.0632*** | 0.2359*** | −0.3153*** | −0.3501*** | 1.0000 | |
| Lev | −0.6363*** | −0.1225*** | −0.0368 | −0.1667*** | 0.2956*** | 1.0000 |

注：*、**、***分别代表10%、5%、1%的显著性水平。

表7-6 现金持有不足主并公司模型（7-1）、模型（7-2）、模型（7-3）

主要变量之间的Spearman相关系数

| 变量 | Cashhold | Dj | Resize | Tobinq | Size | Lev |
|---|---|---|---|---|---|---|
| Cashhold | 1.0000 | | | | | |
| Dj | 0.0320 | 1.0000 | | | | |
| Resize | 0.0065 | −0.4143*** | 1.0000 | | | |
| Tobinq | 0.1337*** | 0.0384 | 0.1051*** | 1.0000 | | |
| Size | 0.0623*** | 0.0601** | −0.2672*** | −0.3980*** | 1.0000 | |
| Lev | −0.2792*** | −0.0897*** | −0.0915*** | −0.2420*** | 0.2128*** | 1.0000 |

注：*、**、***分别代表10%、5%、1%的显著性水平。

从表7-4、表7-5和表7-6相关性分析的结果来看，除了现金持有超额主并公司的现金持有率（Cashhold）与财务杠杆（Lev）的相关系数的绝对值为0.6363，超过0.5，各组其余变量之间的两两相关系数的绝对值均小于0.5，表明各组模型的解释变量与控制变量之间的相关性较弱，初步表明变量之间的多重共线性不会对模型（7-1）、模型（7-2）和模型（7-3）的回归结果产生严重的不利影响。针对现金持有超额主并公司的现金持有率与财务杠杆的相关系数的绝对值超过0.5的问题，本章在后续的研究中将采用方差膨胀因子（VIF）方法，进一步检验变量的多重共线性是否会对模型（7-1）、模型（7-2）和模型（7-3）的回归结果产生严重的不利影响。

### 7.3.3 单变量检验

本章以托宾Q值和现金持有状况对发动成功并购交易的主并公司进行交叉分组：托宾Q值低于当年所有主并公司托宾Q值的中位数且现金持有超额的主并公司为低Q现金持有超额组；托宾Q值高于当年所有主并公司托宾Q值的中位数且现金持有不足的主并公司为高Q现金持有不足组。表7-7列出了上述两个样本组的短期并购绩效和长期并购绩效的均值。从表7-7中可以看出，投资机会少且现金持有超额公司发动的并购交易的短期市场反应、长期市场反应和会计业绩均差于投资机会多且现金持有不足公司发动的并购交易，初步表明现金持有超额公司发动的并购交易中存在代理问题。

表7-7　　　　短期并购绩效和长期并购绩效分组均值

| 变量 | 低Q现金持有超额组 | 高Q现金持有不足组 |
|---|---|---|
| CAR[−3,5] | 0.0167 | 0.0180 |
| CAR[−5,5] | 0.0179 | 0.0180 |
| $BHAR_{12}$ | 0.0175 | 0.0180 |
| $BHAR_{24}$ | −0.0510 | −0.0031 |
| $\Delta ROA$ | −0.0097 | −0.0082 |

### 7.3.4　回归结果分析

模型（7-1）的回归结果见表7-8。

表7-8　　　　　　　　　　**模型（7-1）的回归结果**

| 模型变量 | CAR[−3,5] | | | | | | | | |
|---|---|---|---|---|---|---|---|---|---|
| | 全样本 | | | 现金持有超额主并公司 | | | 现金持有不足主并公司 | | |
| | 系数 | t值 | VIF | 系数 | t值 | VIF | 系数 | t值 | VIF |
| Cashhold | −0.0045 | −0.42 | 1.10 | −0.0051 | −0.41 | 1.19 | −0.0011 | −0.03 | 1.10 |
| Dj | −0.0762*** | −8.05 | 1.18 | −0.0213 | −1.28 | 1.24 | −0.0946*** | −8.07 | 1.17 |
| Resize | 0.0193*** | 6.53 | 1.52 | 0.0175*** | 4.26 | 1.79 | 0.0256*** | 5.74 | 1.35 |
| Tobinq | −0.0117*** | −3.84 | 1.25 | −0.0093* | −1.95 | 1.32 | −0.0117*** | −2.88 | 1.24 |
| Size | −0.0063** | −2.30 | 1.35 | −0.0071 | −1.38 | 1.56 | −0.0071** | −2.08 | 1.25 |
| Lev | −0.0205 | −1.56 | 1.23 | −0.0462** | −2.42 | 1.41 | 0.0109 | 0.57 | 1.18 |
| _cons | 0.2948*** | 4.48 | — | 0.2555** | 2.14 | — | 0.3178*** | 3.89 | — |
| Industry | Yes | | | Yes | | | Yes | | |
| Year | Yes | | | Yes | | | Yes | | |
| F统计量 | 7.92*** | | | 2.63*** | | | 7.33*** | | |
| 调整R² | 0.1056 | | | 0.0692 | | | 0.1334 | | |
| 样本数 | 1 642 | | | 572 | | | 1 070 | | |

注：*、**、***分别代表10%、5%、1%的显著性水平。

表7-8的数据显示，模型（7-1）的解释变量和控制变量的方差膨胀因子（VIF）均在1与2之间，远远小于10，表明变量之间的多重共线性不会对模型（7-1）的回归结果产生严重的不利影响。主并公司全样本、现金持有超额主并公司和现金持有不足主并公司的现金持有率（Cashhold）的回归系数均为负，但在统计上均不显著。这表明，主并公司并购前一年的现金持有率与短期并购绩效并不存在显著关系，这与假设5的预测并不一致。

半强势有效市场假说认为，如果投资者能够迅速获得与价值相关的公

开信息，股票价格应迅速做出反应（Fama，1970）。但是，Beaver
（1981）指出，市场可能对某些信号（如净利润）做出有效反应，但对某
些信号（如利息）无法做出有效反应。因此，只有区分不同信息传递的信
号，才能正确地界定市场有效性。Griffin et al.（1992）研究发现，由于投
资者受认知能力的限制，一些突出的、容易理解的信息更容易被投资者接
受，而那些不容易理解的复杂信息容易被投资者忽略。在并购事件中，主
并公司的现金持有量与并购绩效相关但不突出，是容易被投资者忽略的信
息之一（Oler，2008）。因此，主并公司并购前一年的现金持有率与短期
并购绩效并不存在显著关系。其原因可能是由于投资者认知能力和关注度
有限，对短期内市场关于主并公司现金持有量对并购绩效的影响并没有做
出及时、有效地反应。

　　根据表7-8的回归结果，三个样本组的并购相对交易规模（Resize）
的回归系数均在1%的置信水平上显著为正，表明并购相对交易规模越
大，市场的认可程度越高，主并公司股东将获得更多的累积超常收益，这
与王江石（2010）的研究结论一致。三个样本组的投资机会（Tobinq）的
回归系数分别在1%、10%和1%的置信水平上显著为负，表明主并公司并
购前的投资机会越多，需要的研发费用可能越高，从而导致并购后获得的
累计超常收益越低，这一结果与Faccio和Masulis（2005）、宋希亮
（2010）的研究结论一致。主并公司全样本和现金持有不足主并公司的并
购对价方式（Dj）的回归系数均在1%的置信水平上显著为负，表明采用
股票对价方式的主并公司的短期并购绩效优于采用现金对价方式的主并公
司的短期并购绩效，而现金持有超额主并公司的并购对价方式对短期并购
绩效并无显著影响。主并公司全样本和现金持有不足主并公司的公司规模
（Size）的回归系数均在5%的置信水平上显著为负，表明与小规模公司相
比，大规模公司的外部融资成本较低（Barclay和Clifford，1995），这在
一定程度上使大规模公司进行盲目并购的可能性增大，从而在短期内对并
购绩效产生了不利影响；而现金持有超额主并公司的公司规模对短期并购
绩效无显著影响。现金持有超额主并公司的财务杠杆（Lev）的回归系数
在5%的置信水平上显著为负，表明财务杠杆较高的现金持有超额主并公
司向市场传递了高额负债资金可能会使企业陷入破产困境等消息，因此，

在短期内对并购交易产生不利的市场反应，这与 Maloney et al.（1993）的研究结论一致。

为了增强模型（7-1）研究结果的稳健性，本章借鉴 Oler（2008）、吴超鹏等（2008）的做法，选取对称窗口［-5,5］计算累计超额收益率（CAR），对模型（7-1）的回归结果进行稳健性检验。根据表7-9的稳健性检验结果，主并公司全样本、现金持有超额主并公司和现金持有不足主并公司的现金持有率（Cashhold）的回归系数均为负，但在统计上均不显著，说明主并公司并购前一年的现金持有率与短期并购绩效并不存在显著关系。表7-9的稳健性检验结果与表7-8的结论基本一致。

表7-9　　　　　　　　　**模型（7-1）的稳健性检验结果**

| 模型\变量 | CAR[-5,5] | | | | | | | | |
|---|---|---|---|---|---|---|---|---|---|
| | 全样本 | | | 现金持有超额主并公司 | | | 现金持有不足主并公司 | | |
| | 系数 | t值 | VIF | 系数 | t值 | VIF | 系数 | t值 | VIF |
| Cashhold | -0.0064 | -0.58 | 1.10 | -0.0090 | -0.69 | 1.19 | -0.0026 | -0.08 | 1.10 |
| Dj | -0.0774*** | -7.90 | 1.18 | -0.0209 | -1.19 | 1.24 | -0.0981*** | -8.13 | 1.17 |
| Resize | 0.0203*** | 6.62 | 1.52 | 0.0208*** | 4.82 | 1.79 | 0.0234*** | 5.10 | 1.35 |
| Tobinq | -0.0131*** | -4.15 | 1.25 | -0.0124** | -2.49 | 1.32 | -0.0118*** | -2.82 | 1.24 |
| Size | -0.0064** | -2.27 | 1.35 | -0.0080 | -1.47 | 1.56 | -0.0070** | -1.99 | 1.25 |
| Lev | -0.0181 | -1.34 | 1.23 | -0.0483** | -2.40 | 1.41 | 0.0141 | 0.72 | 1.18 |
| _cons | 0.3053*** | 4.49 | — | 0.2680** | 2.13 | — | 0.3305*** | 3.94 | — |
| Industry | Yes | | | Yes | | | Yes | | |
| Year | Yes | | | Yes | | | Yes | | |
| F统计量 | 8.01*** | | | 2.90*** | | | 7.01*** | | |
| 调整R² | 0.1069 | | | 0.0795 | | | 0.1276 | | |
| 样本数 | 1 642 | | | 572 | | | 1 070 | | |

注：*、**、***分别代表10%、5%、1%的显著性水平。

模型（7-2）和模型（7-3）的回归结果见表7-10和表7-11。

表7-10　　　　　　　　　　　模型（7-2）的回归结果

| 变量 | BHAR$_{24}$ | | | | | | | | |
|---|---|---|---|---|---|---|---|---|---|
| | 全样本 | | | 现金持有超额主并公司 | | | 现金持有不足主并公司 | | |
| | 系数 | t值 | VIF | 系数 | t值 | VIF | 系数 | t值 | VIF |
| Cashhold | −0.0259 | −0.59 | 1.10 | −0.0904* | −1.73 | 1.19 | 0.1914 | 1.44 | 1.10 |
| Dj | 0.0174 | 0.45 | 1.18 | 0.1586** | 2.27 | 1.24 | −0.0417 | −0.87 | 1.17 |
| Resize | 0.0293** | 2.45 | 1.52 | 0.0562*** | 3.28 | 1.79 | 0.0223 | 1.26 | 1.35 |
| Tobinq | −0.0081 | −0.65 | 1.25 | 0.0286 | 1.43 | 1.32 | −0.0268 | −1.64 | 1.24 |
| Size | 0.0031 | 0.28 | 1.35 | 0.0651*** | 3.05 | 1.56 | −0.0245* | −1.77 | 1.25 |
| Lev | −0.1332** | −2.55 | 1.23 | −0.2208*** | −2.87 | 1.41 | −0.0537 | −0.71 | 1.18 |
| _cons | 0.0426 | 0.16 | — | −1.4962*** | −3.02 | — | 0.7065** | 2.12 | — |
| Industry | Yes | | | Yes | | | Yes | | |
| Year | Yes | | | Yes | | | Yes | | |
| F统计量 | 1.75*** | | | 1.80*** | | | 1.38* | | |
| 调整R² | 0.0125 | | | 0.0351 | | | 0.0091 | | |
| 样本数 | 1 659 | | | 575 | | | 1 084 | | |

注：括号中为t值，*、**、***分别代表10%、5%、1%的显著性水平。

表7-11　　　　　　　　　　　模型（7-3）的回归结果

| 模型<br>变量 | ΔROA | | | | | | | | |
|---|---|---|---|---|---|---|---|---|---|
| | 全样本 | | | 现金持有超额主并公司 | | | 现金持有不足主并公司 | | |
| | 系数 | t值 | VIF | 系数 | t值 | VIF | 系数 | t值 | VIF |
| Cashhold | −0.0074 | −1.54 | 1.10 | −0.0123** | −2.08 | 1.19 | −0.0200 | −1.29 | 1.10 |
| Dj | −0.0074 | −1.62 | 1.18 | 0.0027 | 0.32 | 1.24 | −0.0109** | −2.02 | 1.17 |
| Resize | 0.0003 | 0.22 | 1.52 | 0.0011 | 0.57 | 1.79 | 0.0017 | 1.00 | 1.35 |
| Tobinq | 0.0015 | 1.00 | 1.25 | 0.0067*** | 2.82 | 1.32 | −0.0018 | −0.96 | 1.24 |
| Size | −0.0043*** | −3.24 | 1.35 | 0.0001 | 0.04 | 1.56 | −0.0058*** | −3.66 | 1.25 |
| Lev | 0.0332*** | 5.98 | 1.23 | 0.0169** | 1.99 | 1.41 | 0.0450*** | 5.72 | 1.18 |
| _cons | 0.0730** | 2.33 | — | 0.0100 | 0.17 | — | 0.0866** | 2.29 | — |
| Industry | Yes | | | Yes | | | Yes | | |
| Year | Yes | | | Yes | | | Yes | | |
| F统计量 | 3.99*** | | | 1.65** | | | 4.64*** | | |
| 调整R² | 0.0464 | | | 0.0268 | | | 0.0786 | | |
| 样本数 | 1 722 | | | 613 | | | 1 109 | | |

注：括号中为t值，*、**、***分别代表10%、5%、1%的显著性水平。

　　表7-10和表7-11的数据显示，模型（7-2）和模型（7-3）的解释变量和控制变量的方差膨胀因子（VIF）均在1与2之间，远远小于10，表明变量之间的多重共线性不会对模型（7-2）和模型（7-3）的回归结果产生严重的不利影响。现金持有超额主并公司的现金持有率（Cashhold）的回归系数均为负，且分别在10%和5%的置信水平上显著，表明现金持有超额主并公司的现金持有量越高，其取得的长期并购绩效越低，这与假设5的预测一致。从长期来看，现金持有超额主并公司更可能进行减少企业价值的并购交易，公司持有的超额现金存在负面价值效应，而主并公司全样本和现金持有不足主并公司的现金持有率的回归系数均不显著，表明主并公司全样本和现金持有不足主并公司的现金持有量对长期并购绩效并无显著影响，这与假设6的预测一致。

　　从表7-8和表7-10的回归结果可以看出，三个样本组的控制变量对短期并购绩效（CAR）和长期并购绩效（BHAR24）的影响差异不大，表明主并公司并购前的相关特征对并购交易市场反应的影响具有一定的延续性。但是，根据表7-10的回归结果，现金持有超额主并公司的并购对价方式（Dj）的回归系数在5%的置信水平上显著为正，表明从并购交易的长期市场反应来看，现金持有超额主并公司采用现金对价方式的并购绩效优于股票对价方式。

　　根据表7-10和表7-11的回归结果，主并公司全样本、现金持有超额主并公司和现金持有不足主并公司三个样本组的并购对价方式（Dj）、相对交易规模（Resize）、投资机会（Tobinq）、公司规模（Size）、财务杠杆（Lev）等控制变量对长期并购绩效（BHAR24）和长期并购绩效（ΔROA）的影响存在差异，表明主并公司并购前的某些特征对并购交易的长期市场反应和会计收益的影响存在一定的区别。

　　根据表7-11的回归结果，现金持有超额主并公司的投资机会（Tobinq）的回归系数在1%的置信水平上显著为正，表明托宾Q值高的主并公司拥有更多的投资机会，更可能实施净现值为正的并购项目，从而给主并公司带来更高的会计收益，这与Lang et al.（1991）的研究结论一致。三个样本组的财务杠杆（Lev）的回归系数分别在1%、5%和1%的置信水平上显著为正，表明负债对管理决策的制定具有一定约束作用。因此，从长期来看，主并公司的财务杠杆较高，更有利于会计收益的提高。

## 7.4 ——————————— 本章小结 ———————————

本章以2008年1月1日至2011年12月31日沪深上市公司发生的1 729笔成功并购交易为研究样本，采用混合OLS模型研究现金持有状况对短期并购绩效和长期并购绩效的影响，从并购绩效的角度研究公司现金持有超额的经济后果，也为检验现金持有超额公司的并购动因提供有力的佐证，并得出以下研究结论：

第一，主并公司的现金持有状况与短期并购绩效（CAR）不存在显著关系，表明由于投资者认知能力和关注度有限，对短期内市场关于主并公司现金持有状况对并购绩效的影响并没有做出及时、有效地反应。

第二，现金持有超额主并公司的现金持有量与长期并购绩效负相关，而现金持有不足主并公司的现金持有量与长期并购绩效不存在显著关系。本章的实证结果支持了Jensen（1986）的自由现金流假说和现金持有超额公司并购的代理动因。因此，从长期来看，现金持有超额公司更可能进行减少企业价值的并购交易，公司持有的超额现金具有负面价值效应。

◀▶ 第 8 章 ◀▶

# 公司现金持有超额的经济后果研究：主并公司现金持有量动态调整速度非对称性角度

现金持有量的动态调整速度具有非对称性，主要体现在公司现金持有超额时与公司现金持有不足时，公司现金持有量的动态调整速度是不同的。为了增强前面章节从并购决策、并购对价方式选择和并购绩效三个角度研究公司现金持有超额的经济后果的稳健性，本章通过构建现金持有量动态调整模型，研究现金持有超额主并公司与现金持有不足主并公司现金持有量动态调整速度的差异，进一步从主并公司现金持有量动态调整速度非对称性的角度研究公司现金持有超额的经济后果。本章具体内容安排如下：8.1 节根据理论分析提出研究假设；8.2 节为具体的研究设计，包括样本选取、数据来源和模型设定；8.3 节为实证结果分析，包括描述性统计分析、相关性分析和回归结果分析；8.4 节为稳健性检验；8.5 节为本章小结。

## 8.1 ———————— 理论分析与研究假设 ————————

企业现金持有量动态调整速度具有非对称性。Dittmar et al.（2010）研究发现，因为调整成本的作用，现金持有超额公司的现金持有量动态调整速度快于现金持有不足公司的现金持有量动态调整速度。但是 Zhan 和 Erik（2010）、Venkiteshwaran（2011）分别以 1980—2006 年美国上市公司和1987—2007年美国制造业上市公司为研究样本，研究发现，现金持有超额公司的现金持有量动态调整速度慢于现金持有不足公司的现金持有量动态调整速度。连玉君和苏治（2008）研究发现，由于现金持有超额公司和现金持有不足公司对财务风险的敏感度不同，两类公司的现金持有量动态调整速度存在差异，具体来说，与现金持有不足公司相比，现金持有超额公司的现金持有量动态调整速度较慢。

当主并公司的实际现金持有量低于目标现金持有量（现金持有不足）时，仍然选择进行并购交易，大量的外部融资不仅会加大公司的流动性风险，还会增加公司的财务风险。刘博研和韩立岩（2012）研究指出，当公司现金持有不足时，因资金短缺给公司带来财务困境的可能性加大。因此，现金持有不足公司的管理者在进行并购交易时，可能更加看重的是并购交易的战略意义，选择目标公司时更加谨慎，滥用现金的可能性较低，倾向于选择适当的目标公司以使并购后公司的现金持有量接近目标水平，达到降低公司流动性风险、增加企业财富的目的。

Jensen 和 Meckling（1976）指出，股东与管理者之间存在代理冲突，Jensen（1986）通过进一步分析认为，自由现金流是超出净现值大于零的投资项目需要的现金流量，因此，从本质上分析，自由现金流是超额部分。股东希望将超额现金作为股利进行分配，但是为了逃避外部资本市场的监管，增加自身的权力范围，公司管理者有动机滥用自由现金流，将其用于有悖于股东财富的交易中。因此，当公司存在自由现金流时，代理冲突更加严重。李国俊（2011）研究发现，当公司超额持有现金时，公司管理者没有对超额现金的使用进行合理的规划，因此超额现金的使用并未增加公司价值。刘博研和韩立岩（2012）研究指出，当公司超额持有现金时，管理者为了牟取个人私利，会滥用超额现金。Jensen（1986）的研究还发现，当公司存在自由现金流时，管理者倾向于将其用于发动并购，因此，现金持有超额公司在并购支付中及并购整合期内会加速对超额现金的使用。同时，当公司持有的现金规模较大时，容易引起股东、控制权争夺者的关注，从而导致代理权被争夺，管理者的地位受到严重威胁（Faleye，2004）。因此，现金持有超额公司管理者选择并购交易的目的可能是为了谋取个人私利和保护自身职位的安全，倾向于尽快地使用手中的超额现金，减少公司的现金持有量。基于以上

分析,本章提出假设7:

假设7:主并公司的现金持有量动态调整速度具有非对称性,现金持有超额主并公司的现金持有量动态调整速度快于现金持有不足主并公司的现金持有量动态调整速度。

## 8.2 ———————— 研究设计 ————————

### 8.2.1 样本选取与数据来源

本章以2008年1月1日至2011年12月31日沪深上市公司发生的并购事件为研究样本,以并购事件宣告年份为基准,对主并公司并购前后各追踪三年,如某一主并公司在2008年发生了一起成功的并购交易,则对主并公司向前追踪到2005年,向后追踪到2011年。因此,本章的并购事件样本区间为2008—2011年,而考察的总样本区间为2005—2014年。

本章按照以下标准对并购事件样本进行了筛选:(1)由于非上市公司相关数据难以取得,因此仅保留主并公司是上市公司的并购事件;(2)仅保留交易成功的并购事件;(3)将上市公司并购行为限定为资产收购、股权转让和吸收合并,不包括资产剥离、资产置换、债务重组和股份回购等广义形式的并购活动;(4)仅保留完全以现金或完全以股票作为并购对价方式的样本;(5)由于金融保险行业的特殊性,剔除了主并公司属于金融保险行业的并购样本;(6)对于同一主并公司在一年内宣告两笔或两笔以上的并购交易,仅保留该上市公司在该年内宣告的交易总价最大的并购交易;(7)剔除了财务指标存在缺失值的并购样本。根据上述标准对样本进行初步处理后,最终得到1 729笔成功的并购样本。其中,现金持有超额公司发动的成功并购交易为614笔,现金持有不足公司发动的成功并购交易为1 115笔[①]。

并购相关数据来自国泰安数据库中的中国上市公司并购重组研究数据库,主并公司样本期间各年末财务数据来自国泰安其他数据库。缺失的样

---

① 此处现金持有超额公司发动的成功并购交易614笔和现金持有不足公司发动的成功并购交易1 115笔来自第5章的研究结果。

本数据主要通过巨潮资讯网站、上海证券交易所和深圳证券交易所公布的年度报告信息进行补充。所有数据的预处理工作均在Excel 2010中进行，对预处理后的数据则在STATA 11.0中进行统计分析。同时，为了克服财务指标离群值的影响，本章对主要指标进行了Winsorized缩尾处理。

### 8.2.2 现金持有量动态调整模型

本章采用第4章中的模型（4-4）现金持有量动态调整模型对现金持有超额主并公司和现金持有不足主并公司的现金持有量的动态调整速度展开研究。对于模型（4-4）的推导过程此处不再赘述。

$$Cashhold_{it} = \lambda\alpha + (1-\lambda)Cashhold_{it-1} + \lambda\beta X_{it} + \lambda\varepsilon_{it}$$ 模型（4-4）

其中，$X_{it}$为影响公司现金持有量的公司特征因素，包括公司规模（Size）、现金流量（Cashflow）、现金替代物（Nwc）、资本性支出（Capex）、财务杠杆（Lev）、投资机会（Mtb）和股利支付（Div）[1]。

## 8.3 ——— 实证结果分析 ———

### 8.3.1 描述性统计分析

表8-1和表8-2分别列示了2005—2014年现金持有超额主并公司和现金持有不足主并公司相关变量的描述性统计结果。

表8-1 2005—2014年现金持有超额主并公司相关变量的描述性统计结果

| 变量 | 样本数 | 均值 | 中位数 | 标准差 | 25分位数 | 75分位数 |
|---|---|---|---|---|---|---|
| Cashhold | 2 254 | 0.3674 | 0.2371 | 0.5085 | 0.1382 | 0.4167 |
| Capex | 2 252 | 0.0684 | 0.0485 | 0.0662 | 0.0184 | 0.0972 |
| Mtb | 2 177 | 2.5397 | 1.8249 | 2.0314 | 1.3194 | 2.8925 |
| Size | 2 256 | 21.8057 | 21.7781 | 1.2966 | 20.9386 | 22.6035 |
| Nwc | 2 254 | −0.0594 | −0.0465 | 0.3312 | −0.2102 | 0.1615 |
| Lev | 2 256 | 0.4851 | 0.4825 | 0.2588 | 0.3095 | 0.6346 |
| Cashflow | 2 226 | 0.0804 | 0.0654 | 0.0752 | 0.0339 | 0.1083 |
| Div | 2 256 | 0.6059 | 1 | 0.4888 | 0 | 1 |

---

[1] 影响公司现金持有量的相关公司特征因素变量的衡量方法见表4-1，此处不再赘述。

表8-2　2005—2014年现金持有不足主并公司相关变量的描述性统计结果

| 变量 | 样本数 | 均值 | 中位数 | 标准差 | 25分位数 | 75分位数 |
|---|---|---|---|---|---|---|
| Cashhold | 6 686 | 0.1577 | 0.1145 | 0.1574 | 0.0627 | 0.1968 |
| Capex | 6 679 | 0.0649 | 0.0482 | 0.0605 | 0.0182 | 0.0929 |
| Mtb | 6 490 | 2.1668 | 1.7305 | 1.2797 | 1.2703 | 2.5724 |
| Size | 6 699 | 21.9500 | 21.8458 | 1.2665 | 21.0825 | 22.7311 |
| Nwc | 6 686 | −0.0585 | −0.0537 | 0.2521 | −0.2027 | 0.1064 |
| Lev | 6 699 | 0.5647 | 0.5541 | 0.2501 | 0.4142 | 0.6836 |
| Cashflow | 6 616 | 0.0592 | 0.0544 | 0.0584 | 0.0278 | 0.0892 |
| Div | 6 699 | 0.5441 | 1 | 0.4981 | 0 | 1 |

　　表8-1和表8-2的数据显示，现金持有超额主并公司的现金持有率（Cashhold）的均值和中位数分别是现金持有不足主并公司的现金持有率的均值和中位数的两倍多。现金持有超额主并公司的资本性支出（Capex）的均值和中位数均大于现金持有不足主并公司资本性支出的均值和中位数，表明与现金持有不足主并公司相比，现金持有超额主并公司的资本性支出规模更大。现金持有超额主并公司的市账比（Mtb）的均值和中位数均大于现金持有不足主并公司的市账比的均值和中位数，表明现金持有超额主并公司拥有更好的投资机会。从公司规模（Size）的均值和中位数来看，现金持有超额主并公司的公司规模小于现金持有不足主并公司的公司规模。现金持有不足主并公司的财务杠杆（Lev）的均值和中位数均超过50%，说明半数以上的现金持有不足主并公司的债务融资占总体融资的比例超过50%，即负债资金是现金持有不足主并公司外部资金的主要组成部分。现金持有超额主并公司的现金流量（Cashflow）的均值和中位数均大于现金持有不足主并公司的现金流量的均值和中位数，表明与现金持有不足主并公司相比，现金持有超额主并公司拥有更加充裕的现金流量。现金持有超额主并公司的股利支付（Div）的均值为0.6059，中位数为1；现金持有不足主并公司的股利支付的均值为0.5441，中位数为1，表明不论是现金持有超额主并公司还是现金持有不足主并公司，每年发放现金股利的公司均占到各样本组数量的一半以上，与现金持有不足主并公

司相比，现金持有超额主并公司中支付股利的公司所占的比重更大。这可能是近些年来证监会完善上市公司现金股利分红制度的诸多举措发挥作用的结果。

### 8.3.2　相关性分析

为了避免模型中存在严重的多重共线性对回归结果产生不利影响，本章在对模型（4-4）进行分组回归分析之前，采用 Spearman 相关系数对模型（4-4）的主要变量进行相关性分析。表8-3和表8-4分别列示了现金持有超额主并公司样本组和现金持有不足主并公司样本组模型（4-4）的主要变量之间的 Spearman 相关系数。从表8-3和表8-4相关性分析的结果来看，现金持有超额主并公司样本组和现金持有不足主并公司样本组模型（4-4）的主要变量之间的 Spearman 相关系数的绝对值均小于0.5，表明两个样本组模型（4-4）的主要变量之间的相关性均较弱，变量之间的多重共线性不会对两个样本组模型（4-4）的回归结果产生严重的不利影响。

表8-3　2005—2014年现金持有超额主并公司主要变量之间的
Spearman相关系数

| 变量 | Cashhold | Capex | Mtb | Size | Nwc | Lev | Cashflow | Div |
|---|---|---|---|---|---|---|---|---|
| Cashhold | 1.0000 | | | | | | | |
| Capex | 0.0810*** | 1.0000 | | | | | | |
| Mtb | 0.2645*** | 0.0480** | 1.0000 | | | | | |
| Size | −0.1639*** | 0.1304*** | −0.4280*** | 1.0000 | | | | |
| Nwc | −0.0746*** | −0.2582*** | 0.0972*** | −0.1026*** | 1.0000 | | | |
| Lev | −0.3210*** | −0.0841*** | −0.3601*** | 0.3938*** | −0.4335*** | 1.0000 | | |
| Cashflow | 0.3922*** | 0.2991*** | 0.4286*** | −0.1015*** | −0.0904** | −0.3447*** | 1.0000 | |
| Div | 0.1453*** | 0.1791*** | −0.0700*** | 0.3129*** | 0.0608*** | −0.0610*** | 0.2129*** | 1.0000 |

注：*、**、***分别代表10%、5%、1%的显著性水平。

表8-4    2005—2014年现金持有不足主并公司主要变量之间的
Spearman 相关系数

| 变量 | Cashhold | Capex | Mtb | Size | Nwc | Lev | Cashflow | Div |
|---|---|---|---|---|---|---|---|---|
| Cashhold | 1.0000 | | | | | | | |
| Capex | 0.1123*** | 1.0000 | | | | | | |
| Mtb | 0.1912*** | 0.0257* | 1.0000 | | | | | |
| Size | −0.0372*** | 0.1366*** | −0.4904*** | 1.0000 | | | | |
| Nwc | 0.1634*** | −0.1779*** | 0.1244*** | −0.0250* | 1.0000 | | | |
| Lev | −0.3019*** | −0.1990*** | −0.3223*** | 0.2468*** | −0.4252*** | 1.0000 | | |
| Cashflow | 0.2291*** | 0.3244*** | 0.3175*** | −0.0457*** | −0.0188 | −0.3811*** | 1.0000 | |
| Div | 0.2018*** | 0.2391*** | −0.0923*** | 0.3189*** | 0.1753*** | −0.2032*** | 0.2627*** | 1.0000 |

注：*、**、***分别代表10%、5%、1%的显著性水平。

### 8.3.3    回归结果分析

表8-5和表8-6分别列示了现金持有超额主并公司和现金持有不足主并公司的现金持有量动态调整模型（4-4）在三种不同估计方法下得到的回归结果。其中，表8-5、表8-6的第（1）列为混合 OLS 得到的回归结果；表8-5、表8-6的第（2）列为固定效应设定下得到的回归结果；表8-5、表8-6的第（3）列为系统 GMM 得到的回归结果。表8-5、表8-6的第（3）列列示的 AR（2）P 值均不显著，表明本章在采用系统 GMM 估计现金持有超额主并公司和现金持有不足主并公司两个样本组的现金持有量动态调整模型（4-4）时，不存在二阶序列相关。表8-5、表8-6的第（3）列列示的 Sargan 检验的 P 值均不显著，表明本章在采用系统 GMM 估计现金持有超额主并公司和现金持有不足主并公司两个样本组的现金持有量动态调整模型（4-4）时，选择的工具变量是合理的，不存在过度识别问题[①]。

---

① 连玉君和苏治（2008）指出，由于一阶段 GMM 估计量往往存在异方差问题，在多数情况下，Sargan（1958）检验的原假设都会被拒绝，意味着模型存在设定偏误。因此，表8-5和表8-6第（3）列所列示的回归结果均为两阶段 GMM 估计量。

表8-5　现金持有超额主并公司的现金持有量动态调整模型回归结果

| 变量 \ 估计方法 | （1）<br>混合OLS | （2）<br>固定效应 | （3）<br>系统GMM |
|---|---|---|---|
| Cashhold$_{it-1}$ | 0.5633*** <br>（38.83） | 0.2237*** <br>（11.36） | 0.3406*** <br>（66.53） |
| Capex | −0.6583*** <br>（−6.27） | −0.1939 <br>（−1.51） | −1.2445*** <br>（−30.24） |
| Mtb | 0.0125*** <br>（2.88） | 0.0158** <br>（2.51） | 0.0254*** <br>（9.87） |
| Size | −0.0083 <br>（−1.21） | −0.0360* <br>（−1.78） | 0.1082*** <br>（11.43） |
| Nwc | −0.3180*** <br>（−11.76） | −0.7856*** <br>（−15.25） | −0.7701*** <br>（−42.84） |
| Lev | −0.2842*** <br>（−7.09） | −0.7467*** <br>（−9.54） | −1.0627*** <br>（−30.28） |
| Cashflow | 0.7176*** <br>（6.20） | 0.7859*** <br>（5.70） | −1.0035*** <br>（−16.71） |
| Div | 0.0195 <br>（1.30） | −0.0152 <br>（−0.84） | 0.0396*** <br>（14.84） |
| _cons | 0.3742** <br>（2.40） | 1.2748*** <br>（3.01） | 0.6573*** <br>（9.27） |
| Year | Yes | Yes | Yes |
| F统计量 | 173.54*** | 43.41*** | — |
| Wald chi2 | — | — | 277 775.08*** |
| 调整R² | 0.5962 | 0.3099 | — |
| 调整半周期 | 1.59 | 0.89 | 1.05 |
| AR（2）P值 | — | — | 0.1913 |
| Sargan P值 | — | — | 0.4063 |
| 样本数 | 1 871 | 1 871 | 1 496 |

注：（1）括号中为t/z值，*、**、***分别代表10%、5%、1%的显著性水平；（2）第（3）列的参数估计值为两阶段GMM估计量，括号中的为z值；（3）F统计量和Wald chi2统计量是对解释变量的联合显著性进行检验，调整R²为模型的拟合优度；（4）调整半周期=ln2/（1−x），x为Cashhold$_{it-1}$的系数估计值；（5）AR（2）P值为二阶序列相关检验得到的P值；（6）Sargan P值为对工具变量的合理性进行过度识别检验得到的P值。

表8-6 现金持有不足主并公司的现金持有量动态调整模型回归结果

| 估计方法<br>变量 | （1）<br>混合 OLS | （2）<br>固定效应 | （3）<br>系统 GMM |
|---|---|---|---|
| Cashhold$_{it-1}$ | 0.6221***<br>（63.56） | 0.2402***<br>（18.97） | 0.3624***<br>（15.45） |
| Capex | −0.2789***<br>（−10.58） | −0.0184<br>（−0.57） | −0.2701**<br>（−2.52） |
| Mtb | 0.0069***<br>（4.45） | 0.0030<br>（1.40） | 0.0013<br>（0.26） |
| Size | −0.0003<br>（−0.19） | 0.0208***<br>（5.16） | 0.0693***<br>（4.33） |
| Nwc | −0.0771***<br>（−10.67） | −0.2919***<br>（−22.47） | −0.3517***<br>（−8.78） |
| Lev | −0.0818***<br>（−9.40） | −0.2740***<br>（−18.42） | −0.2991***<br>（−7.08） |
| Cashflow | 0.3552***<br>（11.72） | 0.4100***<br>（12.04） | 0.2545***<br>（2.67） |
| Div | 0.0032<br>（0.95） | 0.0088**<br>（2.30） | 0.0098<br>（1.15） |
| _cons | 0.0768**<br>（2.16） | −0.2441***<br>（−2.83） | −0.0426<br>（−0.32） |
| Year | Yes | Yes | Yes |
| F 统计量 | 368.91*** | 88.87*** | — |
| Wald chi2 | — | — | 973.98*** |
| 调整 R² | 0.5123 | 0.2311 | — |
| 调整半周期 | 1.83 | 0.91 | 1.09 |
| AR（2）P 值 | — | — | 0.3972 |
| Sargan P 值 | — | — | 0.1384 |
| 样本数 | 5 604 | 5 604 | 4 577 |

注：（1）括号中为 t/z 值，*、**、***分别代表10%、5%、1%的显著性水平；（2）第（3）列的参数估计值为两阶段 GMM 估计量，括号中的为 z 值；（3）F 统计量和 Wald chi2 统计量是对解释变量的联合显著性进行检验，调整 R² 为模型的拟合优度；（4）调整半周期=ln2/（1−x），x 为 Cashhold$_{it-1}$ 的系数估计值；（5）AR（2）P 值为二阶序列相关检验得到的 P 值；（6）Sargan P 值为对工具变量的合理性进行过度识别检验得到的 P 值。

根据表8-5和表8-6的回归结果，在三种不同的估计方法下，Cashhold$_{it-1}$的系数（$1-\lambda$）各有差异。也就是说，不同的估计方法所估计的现金持有量动态调整的速度有快有慢，但是均在1%的置信水平上显著为正，支持了现金持有的动态权衡理论。

表8-5的数据显示，现金持有超额主并公司样本组的系统GMM估计方法的结果中，Cashhold$_{it-1}$的系数为0.3406，介于固定效应估计值（0.2237）和混合OLS估计值（0.5633）之间，表明现金持有超额主并公司向目标现金持有量的调整速度为0.6594（$1-0.3406$），当以此速度进行现金持有量动态调整时，现金持有超额主并公司调整其实际现金持有量与目标现金持有量偏差的50%将要花费的时间为1.05年（调整半周期为1.05年）。在混合OLS和系统GMM两种估计方法下，资本性支出（Capex）的回归系数均在1%的置信水平上显著为负，这是由于企业资本性投资的增多，需要大量的资金支出，从而使企业现金持有量减少，这与Opler et al.（1999）的研究结论一致。在混合OLS、固定效应和系统GMM三种估计方法下，投资机会（Mtb）的回归系数分别在1%、5%和1%的置信水平上显著为正，表明当企业可获利的投资机会较多时，为了避免投资不足，企业倾向于持有较多的现金，这与Kim et al.（1998）、Opler et al.（1999）、辛宇和徐莉萍（2006）的研究结论一致。在系统GMM估计方法下，公司规模（Size）的回归系数在1%的置信水平上显著为正，表明与小规模公司相比，大规模公司创造现金流的能力较强，持有的现金较多，这与连玉君和苏治（2008）、刘博研和韩立岩（2012）的研究结论一致。在混合OLS、固定效应和系统GMM三种估计方法下，现金替代物（Nwc）的回归系数均在1%的置信水平上显著为负，表明当公司发生资金短缺时，现金替代物资产能够迅速地转换为现金，因此，公司持有的现金替代物越多，其持有的现金越少（连玉君和苏治，2008；刘博研和韩立岩，2012）。在混合OLS、固定效应和系统GMM三种估计方法下，财务杠杆（Lev）的回归系数均在1%的置信水平上显著为负，这与Kim et al.（1998）、辛宇和徐莉萍（2006）、连玉君和苏治（2008）、刘博研和韩立岩（2012）的研究结论一致。公司财务杠杆反映公司的举债能力，财务杠杆越高，公司举债能力越强。当公司需要资金

时，可以从外部及时借入资金，而不需要持有大量现金，增加持有成本。因此，财务杠杆越高的公司，举债能力越强，持有的现金越少。在系统 GMM 估计方法下，现金流量（Cashflow）的回归系数在1%的置信水平上显著为负。现金流量能够为公司投资和偿还到期债务提供有效保障，公司现金流量越大，放弃有价值的投资机会和面临财务困境的可能性就越小。因此，现金流量越高的公司，现金持有量越低（Kim et al.，1998）。在系统 GMM 估计方法下，股利支付（Div）的回归系数在1%的置信水平上显著为正，表明与不支付股利的公司相比，支付股利的公司为了保持自己的股利政策不变，避免将来因现金短缺而被迫减少股利甚至取消支付股利，通常会持有较多的现金（Ozkan et al，2004；杨兴全和孙杰，2006）。

表8-6的数据显示，在现金持有不足主并公司样本组的系统 GMM 估计方法的结果中，Cashhold$_{it-1}$ 的系数为0.3624，介于固定效应估计值（0.2402）和混合 OLS 估计值（0.6221）之间，表明现金持有不足主并公司向目标现金持有量的调整速度为0.6376（1 - 0.3624），当以此速度进行现金持有量动态调整时，现金持有不足主并公司调整其实际现金持有量与目标现金持有量偏差的50%将要花费的时间为1.09年（调整半周期为1.09年）。

通过表8-5和表8-6的对比发现，现金持有超额主并公司的现金持有量动态调整速度快于现金持有不足主并公司的现金持有量动态调整速度。这一结果可以从以下两个方面来分析：一方面，Jensen 和 Meckling（1976）指出股东与管理者之间存在代理问题，Jensen（1986）通过进一步分析认为，自由现金流是超出净现值大于零的投资项目需要的现金流量。因此，从本质上分析，自由现金流是超额部分，股东希望将超额现金作为股利进行分配，但是为了逃避外部资本市场的监管，增加自身的权力范围，公司管理者有动机滥用自由现金流，将其用于有悖于股东财富的交易中。当公司存在自由现金流时，管理者倾向于将其用于发动并购，代理冲突更加严重，因此，现金持有超额公司在并购支付中及并购整合期内会加速对超额现金的使用。也就是说，与现金持有不足公司相比，现金持有超额公司会更加积极地利用并购交易这一机会，迅速地调整其现金持有量。

另一方面，Faleye（2004）研究发现，当公司持有的现金规模较大时，容易引起股东、控制权争夺者的关注，从而导致代理权被争夺，管理者的地位受到严重威胁。公司管理者为了保护自身职位的安全，倾向于尽快地减少手中的超额现金，以避免引起股东、控制权争夺者等有关利益群体的关注。因此，现金持有超额主并公司调整现金持有量的行为更加积极，这从侧面证明了现金持有超额公司并购的代理动因，表明现金持有超额公司的高管更可能做出减少企业价值的投资决策。

表8-6的数据显示，在混合OLS和系统GMM两种估计方法下，资本性支出（Capex）的回归系数分别在1%和5%的置信水平上显著为负，这是由于企业资本性投资的增多，需要大量的资金支出，从而使企业现金持有量减少，这与Opler et al.（1999）的研究结论一致。在混合OLS估计方法下，投资机会（Mtb）的回归系数在1%的置信水平上显著为正，表明当企业可获利的投资机会较多时，为了避免投资不足，企业倾向于持有较多的现金，这与Kim et al.（1998）、Opler et al.（1999）、辛宇和徐莉萍（2006）的研究结论一致。在固定效应和系统GMM两种估计方法下，公司规模（Size）的回归系数均在1%的置信水平上显著为正，表明与小规模公司相比，大规模公司创造现金流的能力较强，持有的现金较多，这与连玉君和苏治（2008）、刘博研和韩立岩（2012）的研究结论一致。在混合OLS、固定效应和系统GMM三种估计方法下，现金替代物（Nwc）的回归系数均在1%的置信水平上显著为负，表明当公司发生资金短缺时，现金替代物资产能够迅速地转换为现金，因此，公司持有的现金替代物越多，其持有的现金越少（连玉君和苏治，2008；刘博研和韩立岩，2012）。在混合OLS、固定效应和系统GMM三种估计方法下，财务杠杆（Lev）的回归系数均在1%的置信水平上显著为负，这与Kim et al.（1998）、辛宇和徐莉萍（2006）、连玉君和苏治（2008）、刘博研和韩立岩（2012）的研究结论一致。公司财务杠杆反映公司的举债能力，财务杠杆越高，公司举债能力越强。当公司需要资金时，可以从外部及时借入资金，而不需要持有大量现金，增加持有成本。因此，财务杠杆越高的公司，举债能力越强，持有的现金越少。在系统GMM估计方法下，现金流量（Cashflow）的回归系数在1%的置信水平上显著为正，这与表8-5第

（3）列中现金持有超额主并公司样本组的现金流量（Cashflow）的回归系数符号相反。现金流量是公司现金持有的重要来源，由于信息不对称和交易成本的存在，公司外部融资成本比内部融资成本高。为了降低融资成本，公司现金流量越大，倾向于保留的现金持有量越高（Opler et al.，1999；辛宇和徐莉萍，2006）。对于现金持有不足主并公司来说，为了避免因资金短缺而被迫放弃良好的投资机会，造成投资不足，当公司的现金流量越大时，倾向于保留越多的现金持有量。在固定效应估计方法下，股利支付（Div）的回归系数在5%的置信水平上显著为正，表明与不支付股利的公司相比，支付股利的公司为了保持自己的股利政策不变，避免将来因现金短缺而被迫减少股利甚至取消支付股利，通常会持有较多的现金（Ozkan et al，2004；杨兴全和孙杰，2006）。

## 8.4　稳健性检验

为了检验现金持有超额主并公司和现金持有不足主并公司两个样本组的现金持有量动态调整模型（4-4）的回归结果是否受公司现金持有量的衡量方法的影响，本章借鉴 Foley et al.（2007）的衡量方法，采用现金及现金等价物与非现金资产比率的自然对数来衡量公司的现金持有量，对两个样本组的现金持有量动态调整模型（4-4）的回归结果进行稳健性检验。表8-7和表8-8分别列示了替换现金持有量衡量方法后，现金持有超额主并公司和现金持有不足主并公司的现金持有量动态调整模型（4-4）在三种不同估计方法下得到的回归结果。

表8-7第（3）列的数据显示，在现金持有超额主并公司样本组的系统 GMM 估计方法的结果中，$Cashhold_{it-1}$ 的系数为0.3800，介于固定效应估计量（0.2247）和混合 OLS 估计量（0.5939）之间，表明现金持有超额主并公司向目标现金持有量的调整速度为0.6200（1 - 0.3800），当以此速度进行现金持有量动态调整时，现金持有超额主并公司调整其实际现金持有量与目标现金持有量偏差的50%将要花费的时间为1.12年（调整半周期为1.12年）。

表8-7　现金持有超额主并公司的现金持有量动态调整模型稳健性检验结果

| 变量 \ 估计方法 | （1）混合OLS | （2）固定效应 | （3）系统GMM |
|---|---|---|---|
| Cashhold$_{it-1}$ | 0.5939*** (36.25) | 0.2247*** (10.87) | 0.3800*** (26.91) |
| Capex | −1.5231*** (−7.29) | −0.2254 (−0.89) | −3.0332*** (−33.55) |
| Mtb | −0.0041 (−0.38) | 0.0013 (0.08) | 0.0086 (0.94) |
| Size | −0.0054 (−0.40) | 0.0670* (1.70) | 0.2534*** (8.47) |
| Nwc | −0.5887*** (−10.93) | −1.3713*** (−13.73) | −2.3990*** (−48.97) |
| Lev | −0.6532*** (−8.06) | −1.8022*** (−11.73) | −1.8235*** (−14.22) |
| Cashflow | 2.1663*** (9.40) | 2.3354*** (8.69) | 2.2167*** (14.75) |
| Div | 0.0775*** (2.59) | −0.0040 (−0.12) | −0.0085 (0.59) |
| _cons | −0.4438 (−1.43) | −1.8207** (−2.21) | 1.9832*** (5.62) |
| Year | Yes | Yes | Yes |
| F统计量 | 168.55*** | 55.81*** | — |
| Wald chi2 | — | — | 213 704.82*** |
| 调整R$^2$ | 0.5891 | 0.3660 | |
| 调整半周期 | 1.71 | 0.89 | 1.12 |
| AR（2）P值 | — | — | 0.3596 |
| Sargan P值 | | | 0.2660 |
| 样本数 | 1 871 | 1 871 | 1 496 |

注：（1）括号中为t/z值，*、**、***分别代表10%、5%、1%的显著性水平；（2）第（3）列的参数估计值为两阶段GMM估计量，括号中的为z值；（3）F统计量和Wald chi2统计量是对解释变量的联合显著性进行检验，调整R$^2$为模型的拟合优度；（4）调整半周期=ln2/（1−x），x为Cashhold$_{it-1}$的系数估计值；（5）AR（2）P值为二阶序列相关检验得到的P值；（6）Sargan P值为对工具变量的合理性进行过度识别检验得到的P值。

表 8-8　现金持有不足主并公司的现金持有量动态调整模型稳健性检验结果

| 估计方法<br><br>变量 | (1)<br>混合 OLS | (2)<br>固定效应 | (3)<br>系统 GMM |
|---|---|---|---|
| Cashhold$_{it-1}$ | 0.6528***<br>(67.02) | 0.2186***<br>(16.48) | 0.4130***<br>(16.13) |
| Capex | −1.1825***<br>(−7.58) | 0.4831**<br>(2.50) | −1.5379*<br>(−1.85) |
| Mtb | 0.0118<br>(1.31) | 0.0205<br>(1.59) | −0.0289<br>(−0.85) |
| Size | −0.0138<br>(−1.52) | 0.1193***<br>(4.98) | 0.3627***<br>(3.34) |
| Nwc | −0.2140***<br>(−5.00) | −1.2013***<br>(−15.53) | −1.2800***<br>(−4.50) |
| Lev | −0.3672***<br>(−7.14) | −1.4494***<br>(−16.33) | −1.1835***<br>(−3.37) |
| Cashflow | 2.0802***<br>(11.60) | 2.2033***<br>(10.86) | 3.1468***<br>(4.33) |
| Div | 0.0500**<br>(2.51) | 0.0601***<br>(2.63) | 0.0529<br>(0.67) |
| _cons | −0.4709**<br>(−2.37) | −3.9161***<br>(−7.60) | −1.3937*<br>(−1.68) |
| Year | Yes | Yes | Yes |
| F 统计量 | 387.11*** | 73.95*** | — |
| Wald chi2 | — | — | 1 177.94*** |
| 调整 R² | 0.5248 | 0.2004 | — |
| 调整半周期 | 2.00 | 0.89 | 1.18 |
| AR（2）P 值 | — | — | 0.4837 |
| Sargan P 值 | — | — | 0.1470 |
| 样本数 | 5 595 | 5 595 | 4 573 |

注：（1）括号中为 t/z 值，*、**、***分别代表 10%、5%、1%的显著性水平；（2）第（3）列的参数估计值为两阶段 GMM 估计量，括号中的为 z 值；（3）F 统计量和 Wald chi2 统计量是对解释变量的联合显著性进行检验，调整 R²为模型的拟合优度；（4）调整半周期=ln2/（1−x），x 为 Cashhold$_{it-1}$的系数估计值；（5）AR（2）P 值为二阶序列相关检验得到的 P 值；（6）Sargan P 值为对工具变量的合理性进行过度识别检验得到的 P 值。

　　表8-8第（3）列的数据显示，在现金持有不足主并公司样本组的系统GMM估计方法的结果中，Cashhold$_{it-1}$的系数为0.4130，介于固定效应估计值（0.2186）和混合OLS估计值（0.6528）之间，表明现金持有不足主并公司向目标现金持有量的调整速度为0.5870（1 - 0.4130），当以此速度进行现金持有量动态调整时，现金持有不足主并公司调整其实际现金持有量与目标现金持有量偏差的50%将要花费的时间为1.18年（调整半周期为1.18年）。

　　表8-7和表8-8中影响公司现金持有量的特征因素（公司规模（Size）、现金流量（Cashflow）、现金替代物（Nwc）、资本性支出（Capex）、财务杠杆（Lev）、投资机会（Mtb）和股利支付（Div））的研究结果与表8-5和表8-6中影响公司现金持有量的特征因素的研究结果基本一致。从表8-7和表8-8的对比中可以看出，现金持有超额主并公司的现金持有量动态调整速度快于现金持有不足主并公司的现金持有量动态调整速度，这与前文的研究结论一致。因此，可以认为本章的研究结论受公司现金持有量的衡量方法的影响较小，具有一定的稳健性。

## 8.5　本章小结

　　为了增强公司现金持有超额的经济后果研究的稳健性，本章以2008年1月1日至2011年12月31日沪深上市公司发生的1 729笔成功并购交易为研究样本。其中，现金持有超额公司发动的成功并购交易为614笔，现金持有不足公司发动的成功并购交易为1 115笔。本章通过构建现金持有量动态调整模型，研究现金持有超额主并公司与现金持有不足主并公司的现金持有量动态调整速度的差异，进一步从主并公司现金持有量动态调整速度非对称性的角度研究公司现金持有超额的经济后果。研究结论表明，根据系统GMM估计方法得到的结果，现金持有超额主并公司向目标现金持有量的调整速度为0.6594（1 - 0.3406），当以此速度进行现金持有量动态调整时，现金持有超额主并公司调整其实际现金持有量与目标现金持有量偏差的50%将要花费的时间为1.05年（调整半周期为1.05年）。现金持有不足主并公司向目标现金持有量的调整速度为0.6376（1 - 0.3624），当以此速度进行现金持有量动态调整时，现金持有不足主并公司调整其实际现金持有量与目标现金持有量偏差的50%将要花费的时间为1.09年（调整半周期为1.09年）。因此，现金持有超额主并公司的现金持有量动态调整速度快于现金持有不足主并公司的现金持有量动态调整速度。这一结论可以从两个方面进行分析：一是当公司持有超额现金时，管理者为了谋取个人私利，增加对超额现金的控制，会利用并购交易这一机会，在并购支付中及并购整合期内加速对超额现金的使用，更加迅速地调整其现金持有量；二是公司管理者为了保护自身职位的安全，倾向于尽快地使用手中的超额现金，减少公司的现金持有量，以避免引发控制权的争夺。因此，现金持有超额主并公司调整现金持有量的行为更加积极，从侧面证明了现金持有超额公司并购的代理动因，表明公司的超额现金持有具有负面价值效应。

为了进一步增强研究结论的稳健性，本章采用现金持有量的不同衡量方法对现金持有超额主并公司和现金持有不足主并公司的现金持有量动态调整模型进行稳健性检验，稳健性检验的结果支持本章的研究假设。

# 第 9 章

# 研究结论、政策建议及未来展望

本章在文献回顾、特征分析和实证检验的基础上，对主要研究结论进行了总结和归纳。同时，根据研究结论提出相应的政策建议，并指出研究中存在的不足和局限性，将其作为以后研究的方向和重点。本章具体内容安排如下：9.1 节对本书的研究结论进行总结；9.2 节提出政策建议；9.3 节指出本书研究中存在的不足以及对未来研究的展望。

## 9.1 ———————— 研究结论 ————————

本书采用事件研究法，利用并购交易这一可观测的独特投资事件，对公司目标现金持有量的存在性和现金持有量的动态调整展开研究，以此作为划分现金持有超额公司和现金持有不足公司的理论基础和实践方法。本书通过构建计量模型从并购决策、并购对价方式选择、并购绩效和主并公司现金持有量动态调整速度非对称性四个角度研究公司现金持有超额产生的经济后果。本书采用规范研究和实证研究相结合的方法，按照"问题提出→文献回顾→实证检验"的逻辑脉络展开研究。根据前文的理论分析和实证研究结果，本书的主要研究结论如下：

第一，公司现金持有量过低会增加公司的财务风险，而现金持有量过高则会降低公司的资金使用效率，甚至在一定程度上引发严重的代理问题。那么，公司究竟应该持有多少现金？公司是否存在目标现金持有量？本书采用事件研究法，利用并购交易这一可观测的独特投资事件，研究公司目标现金持有量的存在性和现金持有量的动态调整。本书以2008年1月1日至2011年12月31日沪深上市公司发生的1 729笔成功并购交易为研究样本，采用Opler et al.（1999）关于公司现金持有量均值回归模型来分析主并公司的现金持有量动态调整行为。研究结论表明，主并公司的现金持有量具有"均值回归"的特征，意味着主并公司会将现金持有量控制在一个相对稳定的范围内，为目标现金持有量的存在性检验提供初步分析。在现金持有量的均值回归假设得到验证的前提下，本书进一步构建现金持有量动态调整模型估计主并公司现金持有量的动态调整速度。研究结论表明，系统GMM估计方法得到的主并公司向目标现金持有量的调整速度为0.4627（1 − 0.5373），当以此速度进行现金持有量动态调整时，主并公司调整其实际现金持有量与目标现金持有量偏差的50%将要花费的时间为1.5年（调整半周期为1.5年）。本书采用系统GMM估计方法得到的主并公司的现金持有量动态调整速度（0.4627）快于书中系统GMM估计方法得到的未发动并购公司的现金持有量动态调整速度（0.4029）。接着，本书对并购前后主并公司现金持有量的特征和不同并购对价方式下主并公司现金持有量的特征进行描述性统计分析。实证结果表明公司存在目标现金持有量，且会利用并购交易这一机会，积极地调整公司的现金持有量，以缩小与目标现金持有量的差距。

第二，并购交易需要强有力的资金支持，那么，与其他企业相比，现金持有超额公司是否更可能发动并购？公司的代理冲突对并购决策又会产生什么影响？本书以2008年1月1日至2011年12月31日我国沪深上市公司及该段时间内上市公司发生的2 606笔未成功并购交易和1 729笔成功并购交易作为研究样本，构建Logit模型研究主并公司现金持有状况与并购决策之间的关系，从并购决策的角度研究公司现金持有超额的经济后果。研究结论表明，相对于现金持有不足公司，现金持有超额公司更可能发动并购。经过进一步研究发现，高管持股比例小于等于25%的现金持有超额公司更可能发动并购，表明现金持有超额公司更可能存在代理问题。

第三，Keynes（1936）研究发现，现金作为流动性强但收益性差的资产，企业是出于交易性动机和预防性动机的需要才持有一定量的现金。那么，相对于公司现金需求的主并公司现金持有状况对并购对价方式的选择会产生怎样的影响？为了厘清主并公司现金持有状况这一重要因素对并购对价方式选择的影响机理，本书以 2008 年 1 月 1 日至 2011 年 12 月 31 日沪深上市公司发生的 1 729 笔成功并购交易为研究样本，采用 Logit 模型研究了主并公司现金持有率和相对于公司现金需求的现金持有状况对并购对价方式选择的不同影响，从并购对价方式选择的角度研究公司现金持有超额的经济后果。研究结论表明，主并公司现金持有率对并购对价方式选择的影响不显著。相对于现金持有不足主并公司，现金持有超额主并公司更倾向于选择现金作为并购对价方式。主并公司因自身的现金需求不同会间接影响到并购对价方式的选择，且现金持有超额主并公司在并购对价方式选择中更可能存在代理问题。

第四，并购绩效不仅可以反映并购交易的实际效果，也可以间接地推断公司发动并购的动因（Trautwein，1990）。本书以 2008 年 1 月 1 日至 2011 年 12 月 31 日沪深上市公司发生的 1 729 笔成功并购交易为研究样本，采用混合 OLS 模型研究现金持有状况对短期并购绩效和长期并购绩效的影响，从并购绩效的角度研究公司现金持有超额的经济后果，也为检验现金持有超额公司的并购动因提供有力的佐证。研究结论表明，主并公司的现金持有状况与短期并购绩效不存在显著关系，表明由于投资者认知能力和关注度有限，对短期内市场关于主并公司现金持有状况对并购绩效的影响并没有做出及时、有效地反应。现金持有超额主并公司的现金持有量与长期并购绩效负相关，现金持有不足主并公司的现金持有量与长期并购绩效不存在显著关系，实证结果支持现金持有超额公司并购的代理动因，表明从长期来看，现金持有超额主并公司更可能进行减少企业价值的并购交易，因此，公司的超额现金持有具有负面价值效应。

第五，为了增强前面章节从并购决策、并购对价方式选择和并购绩效三个角度研究公司现金持有超额的经济后果的稳健性，本书以 2008 年 1 月 1 日至 2011 年 12 月 31 日沪深上市公司发生的 1 729 笔成功并购交易为研究样本，构建现金持有量动态调整模型实证研究现金持有超额主并公司与现金持有不足主并公司的现金持有量动态调整速度的差异，进一步从主并公司现金持有量动态调整速度非对称性的角度研究公司现金持有超额的经济后果。研究结论表明，根据系统GMM估计方法得到的结果，现金持有超额主并公司向目标现金持有量的动态调整速度为0.6594（1 - 0.3406），当以此速度进行现金持有量动态调整时，现金持有超额主并公司调整其实际现金持有量与目标现金持有量偏差的50%将要花费的时间为1.05年（调整半周期为1.05年）。现金持有不足主并公司向目标现金持有量的动态调整速度为0.6376（1 - 0.3624），当以此速度进行现金持有量动态调整时，现金持有不足主并公司调整其实际现金持有量与目标现金持有量偏差的50%将要花费的时间为1.09年（调整半周期为1.09年）。因此，现金持有超额主并公司的现金持有量动态调整速度快于现金持有不足主并公司的现金持有量动态调整速度。这一结论可以从两个方面进行分析：一是当公司持有超额现金时，管理者为了谋取个人私利，增加对超额现金的控制，会利用并购交易这一机会，在并购支付中及并购整合期内加速对超额现金的使用，更加迅速地调整其现金持有量。二是公司管理者为了保护自身职位的安全，倾向于尽快地使用手中的超额现金，减少公司的现金持有量，以避免引发控制权的争夺。研究结果表明，与现金持有不足主并公司相比，现金持有超额主并公司的现金持有量动态调整速度更快，调整行为更加积极，从而为现金持有超额公司的并购代理动因提供更加有力的佐证，表明现金持有超额公司的高管更可能做出减少企业价值的投资决策，因此，公司的超额现金持有具有负面价值效应。

## 9.2　政策建议

现金是公司的血液，持有充裕的现金对公司生产经营、投融资行为具有重要影响。本书采用事件研究法，利用并购交易这一可观测的独特投资事件，研究发现公司超额现金持有具有负面价值效应，而代理动因对现金持有超额公司发动的并购交易更具有解释力。因此，为了增加现金持有价值、提高并购绩效，本书结合研究结论提出以下相关政策建议：

一是建立现金持有动态调整机制。现金持有量的确定是公司一项重要的财务决策，不仅受到公司投融资决策和营运活动的影响，还受到外部资本市场环境和行业特点的影响，随着上述内、外部环境因素的改变，公司的目标现金持有量也会发生改变，这就需要公司对现金持有量实行动态管理。具体来说，公司可依据实际现金持有量与目标现金持有量的偏离程度，对其现金持有量进行相应的动态调整，降低公司的经营风险和财务风险，提高公司价值。同时，公司应当加强公司治理机制的建设，规范内部控制制度及内部控制信息的披露，减轻外部投资者与公司管理者之间的信息不对称程度，提高公司的透明度，从而有利于公司外部融资成本的降低，为公司现金持有动态调整创造可行性前提。

二是加强对公司管理者进行并购活动的监管。本书研究发现，代理动因对现金持有超额公司发动的并购交易更具有解释力，这表明现金持有超额公司的股东与管理者之间代理冲突严重，管理者为了谋取个人私有收益，滥用自由现金流，将其投资于不能增加股东价值的项目，造成过度投资，其中，并购交易就是管理者为了支配自由现金流选择的主要方式。因此，应当加强对管理者并购活动的监管，尤其对于现金持有超额公司的管理者即将发动的并购活动进行有效监管。从国家层面来说，应当不断完善《中华人民共和国公司法》《中华人民共和国证券法》等法律规范中关于公司内部监督机制的相关法律规定。从市场层面来说，培育有效的公司控制权市场，推动资源进行合理有效配置，实现外部资本市场对公司管理者的有效监管。从公司层面来说，加强公司内部控制制度和公司治理机制的建设，提高公司治理水平，降低股东与管理者之间的代理成本。具体来说，完善公司治理机制可以从以下方面着手：首先，建立健全股东大会对公司董事会和管理者的监督机制，对管理者的投资额度进行适当限制；创造条件提高中小股东参加股东大会的比例，并在股东大会中设立股东事务委员会，作为中小股东行使权力的代理人。其次，完善上市公司董事会章程，使之规范合理且行之有效，防止董事长职权的扩大化；完善董事会的投票表决制度，进一步落实关联董事对关联交易回避表决制度；强化对独立董事独立性的有效监督，使其在董事会内部对其他董事会成员的制衡作用得以发挥。最后，发挥监事会对董事和经理人员的监督作用，提高监事会的效率性、独立性和权威性；在监事人员的选拔中要坚持公平、公正和公开，避免公司董事和管理者在人员选拔中的"过度参与"。

三是建立动态化、市场化、长期化的管理者激励机制，推行股票期权计划。由于委托人和代理人的效用函数不同，代理人会追求自己的利益最大化，从而做出损害委托人利益的决策。并购交易是公司重大的投资活动，为了减轻因管理者谋取眼前私利等短视行为对并购决策、并购绩效带来的不利影响，公司股东应当对管理者进行股权激励，使管理者的个人利益与公司的长期利益趋于一致。公司可以通过股权激励计划达到调动经营管理人员主观能动性的目的，促使公司经营方式与经营手段的不断创新。如果没有刺激性奖励措施，经营管理层的墨守成规思维就会禁锢企业的发展。在激励机制下，管理者就敢于做出改变和创新，公司的经营管理可能因为经营模式的突破和改变最终达到所期望的有利结果。在机制安排合理的条件下，通过股票期权的方式将管理者的收入与公司价值最大化进行捆绑，将公司经营运作的最大潜能发挥出来，促使公司产生飞跃式的发展效果。如果激励机制设置不当就会带来制度设计和运作上的缺陷，股权激励就会失效并给企业造成不必要的损失。因此，在激励机制设置过程中需要避免一些"无益"的陷阱。如伴随牛市市场行情的股价上升，期权自然而然地进入获利区间，给管理者带来"免费"的好处；或者经营管理层通过粉饰财务状况等引导股价进入期权的执行区间，进而获得股权激励的奖励。这些都违背了股权激励设置的初衷，公司的业绩结果也不是经理人做出的"有益"贡献。一个有效的股权激励机制既能够最大程度地激发管理者的潜能，又能够营造公司良好运作的经营氛围。从本质上分析，股权激励带给公司管理者的是积极向上的动能。通过有效的股权激励，将作为雇员的管理者转化为类似于公司主人翁的利益攸关者，可以达到弱化甚至化解股东与管理者之间委托代理冲突的效果。相比于其他现代化的公司管理方法，股权激励的优势在于将市场的客观评价与无限发挥空间赋予到管理者的薪酬奖励过程中，能够让管理者的智慧可以无限的发挥，并且能够及时地得到反馈。同时，股权激励是以公司价值和股价的上升为执行期权的前提和参照，这与公司长期经营的目标相一致，符合公司综合价值增值的发展规律，避免了片面提升公司短期或单项绩效的经营管理误区。

160

## 9.3 ——————— 研究不足与未来展望 ———————

由于本人学术水平有限，再加上某些数据的可获得性等问题，本书的研究具有一定的不足和局限性，将在以后的研究中对这些不足和局限性展开深入地探讨。

第一，本书间接证明了因为调整成本的作用，公司现金持有量只能进行部分调整，但是并没有进一步研究当公司面临不同的调整成本时，现金持有量的动态调整速度是否存在显著性差异。因此，本书将在后续研究中结合具体的调整成本，研究现金持有量动态调整速度，并进一步研究公司面临的融资约束程度以及公司的财务风险状况对现金持有量动态调整速度的影响。

第二，并购交易涉及主并公司和目标公司双方的利益均衡，目标公司的特征对并购决策、并购对价方式选择和并购绩效均会产生重要影响。由于获取非上市目标公司特征的数据比较困难，本书在对公司并购的研究过程中没有充分考虑目标公司的特征，可能会遗漏某些重要影响因素。随着我国上市公司之间的并购交易数量的增加，本书将在后续研究中进一步考虑目标公司的特征因素对公司并购行为的影响。

第三，本书在实证研究中多次运用组间比较，而没有使用1:1的配对比较，虽然得出的结论具有一定的说服力，但也会存在局限性。目前在计量研究领域里有倍分法（D-in-D）、倾向匹配得分模型（PSM）等更加精确的组间比较方法，本书将在后续研究中采用更精确的研究方法进行组间比较，使研究结果更具有说服力。

**主要参考文献**

[1] 陈冬华,陈信元,万华林.国有企业中的薪酬管制与在职消费[J].经济研究,2005(2):92-101.

[2] 陈其安,刘星.基于过度自信和外部监督的团队合作均衡研究[J].管理科学学报,2005(6):60-68.

[3] 陈庆勇,韩立岩.上市公司对外并购中高管薪酬变动实证研究[J].北京航空航天大学学报:社会科学版,2008(1):13-16.

[4] 陈仕华,姜广省,卢昌崇.董事联结、目标公司选择与并购绩效——基于并购双方之间信息不对称的研究视角[J].管理世界,2013(12):117-132.

[5] 陈涛,李善民.支付方式与收购公司财富效应[J].证券市场导报,2011(2):49-53.

[6] 陈雪峰,翁君奕.配股公司现金持有与经营业绩[J].决策借鉴,2002(4):37-41.

[7] 程建伟,周伟贤.上市公司现金持有:权衡理论还是啄食理论[J].中国工业经济,2007(4):104-110.

[8] 杜兴强,聂志萍.中国上市公司并购的短期财富效应实证研究[J].证券市场导报,2007(1):29-38.

[9] 杜兴强,王丽华.高层管理当局薪酬与上市公司业绩的相关性实证研究[J].会计研究,2007(1):58-65,93.

[10] 方军雄.我国上市公司高管的薪酬存在粘性吗?[J].经济研究,2009(3):110-124.

[11] 傅强,方文俊.管理者过度自信与并购决策的实证研究[J].商业经济与管理,2008(4):76-80.

[12] 高克智,王辉,刘娜.预防性动机与公司现金持有量的关系:来自中国上市公司的证据[J].华东经济管理,2011(9):134-138.

[13] 郭永清.企业兼并与收购实务[M].大连:

东北财经大学出版社,1998.

[14] 干胜道,胡建平,庆艳艳.超额现金持有的上市公司特质研究——对我国制造业上市公司的实证分析[J]. 财贸研究,2008(6):108-112.

[15] 顾乃康,孙进军.现金的市场价值——基于中国上市公司的实证研究[J]. 管理科学,2008(4):96-104.

[16] 顾乃康,孙进军.融资约束、现金流风险与现金持有的预防性动机[J]. 商业经济与管理,2009(4):73-81.

[17] 胡国柳,刘宝劲,马庆仁.上市公司股权结构与现金持有水平关系的实证分析[J]. 财经理论与实践,2006(7):39-44.

[18] 姜宝强,毕晓方.超额现金持有与企业价值的关系探析——基于代理成本的视角[J]. 经济与管理研究,2006(12):49-55.

[19] 姜付秀,张敏,陆正飞,等.CEO过度自信、企业扩张与财务困境[J]. 经济研究,2009(1):131-143.

[20] 焦瑞新.我国上市公司现金流持有及风险管理研究[D]. 天津:天津大学管理学院,2009.

[21] 况学文.中国上市公司现金持有政策研究——基于融资约束理论的经验证据[D]. 厦门:厦门大学管理学院,2008.

[22] 况学文,彭迪云,何恩良.我国上市公司现金持有量的市场价值研究——基于融资约束理论的经验证据[J]. 山西财经大学学报,2009(12):71-78.

[23] 雷辉,吴婵.董事会治理、管理者过度自信与企业并购决策[J]. 北京理工大学学报,2010(4):43-47.

[24] 李国俊.我国上市公司现金持有行为分析——基于融资约束理论的经验证据[D]. 合肥:合肥工业大学管理学院,2011.

[25] 李善民,陈涛.并购支付方式选择的影响因素研究[C]// 中国管理现代化研究会.第四届(2009)中国管理学年会——金融分会场论文集.北京:中国知网,2009:405-412.

[26] 李善民,毛雅娟,赵晶晶.高管持股、高管的私有收益与公司的并购行为[J]. 管理科学,2009(12):2-12.

[27] 李善民,曾昭灶,王彩萍,等.上市公司并购绩效及其影响因素研究[J]. 世界经济,2004(9):60-67.

[28] 李善民,朱滔.多元化并购能给股东创造价值吗? ——兼论影响多元化并购长期绩效的因素[J]. 管理世界,2006(3):129-137.

[29] 李小燕,陶军.高管薪酬变化与并购代理动机的实证分析——基于国有与民营上市公司治理结构的比较分析[J]. 中国软科学,2011(5):122-128.

[30] 连玉君,彭方平,苏治.融资约束与流动性管理行为[J]. 金融研究,2010(10):

158-171.

[31] 连玉君,苏治.上市公司现金持有:静态权衡还是动态权衡[J].世界经济,2008
(10):84-96.

[32] 刘博研,韩立岩.现金持有动态调整机制——基于动态面板模型的实证分析[J].
数理统计与管理,2012(1):164-176.

[33] 刘淑莲.上市公司并购重组演变与理论研究展望[J].会计师,2010(4):4-6.

[34] 刘淑莲,张广宝,耿琳.并购对价方式选择:公司特征与宏观经济冲击[J].审计
与经济研究,2012(4):55-65.

[35] 刘文纲.企业购并中的无形资产协同效应分析[J].经济体制改革,1999(6):
74-78.

[36] 吕长江,韩慧博.业绩补偿承诺、协同效应与并购收益分配[J].审计与经济研
究,2014(6):3-13.

[37] 陆玉明.论企业兼并中的协同效应[J].中国软科学,1999,(2):43-45.

[38] 潘红波,夏新平,余明桂.政府干预、政治关联与地方国企并购[J].经济研究,
2008(4):41-52.

[39] 彭桃英,周伟.中国上市公司高额现金持有动因研究——代理理论抑或权衡理论
[J].会计研究,2006(5):42-49.

[40] 权小锋,吴世农,文芳.管理层权力、私有收益与薪酬操纵[J].经济研究,2010
(11):73-87.

[41] 史永东,朱广印.管理者过度自信与企业并购行为的实证研究[J].金融评论,
2010(2):38,73-82.

[42] 宋希亮.支付方式与并购绩效关系的研究[D].北京:北京交通大学经济管理学
院,2010.

[43] 陶军.收购方经理人代理问题的企业特征分析——基于中国上市公司并购活动
的经验研究[J].南开经济研究,2008(5):111-123.

[44] 唐建新,贺虹.中国上市公司并购协同效应的实证分析[J].经济评论,2005
(5):93-100,128.

[45] 王长征.企业并购整合——基于企业能力论的一个综合性理论分析框架[M].
武汉:武汉大学出版社,2002.

[46] 王春峰,黄晓彬,房振明.中国上市公司现金持有动态调整行为研究[J].山西财
经大学学报,2010(1):108-114.

[47] 王化成,孙健,邓路,等.控制权转移中投资者过度乐观了吗?[J].管理世界,
2010(2):38-45.

[48] 王江石.并购支付方式与收购公司短期并购绩效研究[J].沿海企业与科技,
2010(11):65-69.

[49] 王培林,靳云汇,贾昌杰.从并购行为剖析中国上市公司代理成本问题[J].金融研究,2007(4):171-177.

[50] 王彦超.融资约束、现金持有与过度投资[J].金融研究,2009(7):121-133.

[51] 吴超鹏,吴世农,郑方镳.管理者行为与连续并购绩效的理论与实证研究[J].管理世界,2008(7):126-133.

[52] 吴荷青.现金持有量与公司经营业绩、价值关系的实证研究[J].会计之友(上旬刊),2009(2):94-97.

[53] 吴红军.融资约束是上市公司间收购的动机力吗?[C]// 中国会计学会.中国会计学会2006年学术年会论文集(下册).北京:中国知网,2006:2159-2165.

[54] 吴慧香.宏观经济因素对上市公司现金持有量的影响研究[M].北京:中国财政经济出版社,2014.

[55] 吴育辉,吴世农.高管薪酬:激励还是自利——来自中国上市公司的证据[J].会计研究,2010(11):40-48,96.

[56] 夏新平,宋光耀.企业并购中协同效应的计算[J].华中理工大学学报,1999(3):34-36.

[57] 肖峰雷,李延喜,栾庆伟.管理者过度自信与公司财务决策研究述评[J].当代经济管理,2011(1):19-23.

[58] 谢玲红,刘善存,邱菀华.管理者过度自信对并购绩效的影响——基于群体决策视角的分析和实证[J].数理统计与管理,2012(1):122-133.

[59] 辛宇,徐莉萍.上市公司现金持有水平的影响因素:财务特征、股权结构及治理环境[J].中国会计评论,2006(12):307-320.

[60] 许明波.试论企业兼并的财务协同效应[J].四川会计,1997(7):10-11.

[61] 许骞.投资者情绪、现金持有与上市公司投资[D].天津:南开大学商学院,2012.

[62] 杨兴全,孙杰.企业现金持有量影响因素的实证研究——来自我国上市公司的经验证据[J].南开管理评论,2007(6):47-54.

[63] 杨兴全,张照南,吴昊旻.治理环境、超额持有现金与过度投资——基于我国上市公司面板数据的分析[J].南开管理评论,2010(5):61-69.

[64] 于博.融资约束与投资-现金流敏感度的非单调性分析——来自房地产行业预防性动机的证据[J].当代财经,2014(3):118-128.

[65] 袁淳,刘思淼,陈玥.大股东控制、多元化经营与现金持有价值[J].中国工业经济,2010(4):141-150.

[66] 袁卫秋.融资约束、投资效率与现金持有价值[J].现代财经,2014(3):75-84.

[67] 张秋生.并购学——一个基本的理论框架[M].北京:中国经济出版社,2010.

[68] 张秋生,王冬.企业兼并与收购[M].北京:北方交通大学出版社,2001.

165

[69] 张凤,黄登仕.上市公司现金持有量对投资行为及动机的影响[J]. 系统工程, 2008,(6):45-51.

[70] 张广宝,施继坤.并购频率与管理层私利——基于过度自信视角的经验分析[J]. 山西财经大学学报,2012(6):96-104.

[71] 张慧丽.公司高额持有现金的投资效率研究[J]. 经济与管理,2009(1):53-56.

[72] 张晶,张永安.并购交易特征与并购绩效——基于后股权分置时代中国上市公司的经验数据[J]. 企业经济,2011(6):20-23.

[73] 张龙,刘洪,胡恩华.高管薪酬水平对企业并购行为影响的实证分析[J]. 软科学,2006(5):42-45.

[74] 张鸣,郭思永.高管薪酬利益驱动下的企业并购——来自中国上市公司的经验证据[J]. 财经研究,2007(12):103-113.

[75] 张名誉,李志军.金融危机冲击与企业现金持有的动态调整[J]. 经济问题, 2011(8):55-58.

[76] 张新.并购重组是否创造价值——中国证券市场的理论与实证研究[J]. 经济研究,2003(6):20-29.

[77] 章细贞,张琳.企业并购对财务风险的影响——基于管理者过度自信视角的实证分析[J]. 技术经济,2014(3):90-96.

[78] 翟进步,王玉涛,李丹.什么因素决定公司并购中融资方式的选择? 交易成本视角[J]. 中国会计评论,2012(3):17-30.

[79] 张照南,杨兴全.治理环境、现金持有量与公司价值——来自我国上市公司的证据[J]. 经济与管理研究,2009(2):88-94.

[80] 钟海燕,冉茂盛.产品市场竞争与现金持有动态调整[J]. 经济与管理研究, 2013(2):88-95.

[81] 坎贝尔,等.战略协同[M]. 任通海,等,译.2版.北京:机械工业出版社,2000.

[82] 斯科特.协同效应的陷阱:公司购并中如何避免功亏一篑[M]. 杨炯,译.上海: 上海远东出版社,2001.

[83] 威廉姆.财务会计理论[M]. 陈汉文,等,译.北京:机械工业出版社,2006.

[84] ALMEIDA H, CAMPELLO M, WEISBACH M S.The cash flow sensitivity of cash[J]. Journal of Finance, 2004,59(4):1777-1804.

[85] ALSHWER A A, SIBILKOV V, ZAIATS N S.Financial constraints and the method of payment in mergers and acquisitions[R]. SSRN Working Paper,2011.

[86] AL - NAJJAR B. The financial determinants of corporate cash holdings: evidence from some emerging markets[J]. International Business Review, 2013,22(1):77-88.

[87] ANDRADE G, MITCHELL M, STAFFORD E. New evidence and perspectives

166

on mergers[J]. Journal of Economic Perspectives,2001,15(2):103-120.

[88] ARELLANO M, BOND S.Some tests of specification for panel data: monte carlo evidence and an application to employment equations [J]. The Review of Economic Studies,1991,58(2):277-297.

[89] ARELLANO M, BOVER O.Another look at the instrumental variable estimation of error-components models[J]. Journal of Econometrics,1995, 68(1):29-51.

[90] ARROW K J.Vertical integration and communication[J]. The Bell Journal of Economics, 1975,6(1):173-183.

[91] ASQUITH P, BRUNER R, MULLINS D. The gains to bidding firms from merger[J]. Journal of Financial Economics,1983,11(1-4):121-139.

[92] BARCLAY M J, CLIFFORD W S J.The maturity structure of corporate debt [J]. Journal of Finance,1995,50(2):609-631.

[93] BATES T W, KAHLE K M, STULZ R M.Why do U.S. firms hold so much more cash than they used to?[J]. Journal of Finance,2009,64(5):1985-2021.

[94] BAUMOL W J.The transactions demand for cash:an inventory theoretic approach[J]. The Quarterly Journal of Economics,1952,66(4):545-556.

[95] BEAVER W H.Market efficiency[J]. The Accounting Review,1981,56 (1): 23-37.

[96] BEBCHUK L A, FRIED J M, WALKER D I.Managerial power and rent extraction in the design of executive compensation[J]. The University of Chicago Law Review, 2002,69(3):751-846.

[97] BERKOVITCH E, NARAYANAN M P.Motives for takeovers: an empirical investigation [J]. Journal of Financial and Quantitative Analysis,1993, 28(3):347-362.

[98] BERLE A, MAENS G.The modern corporation and private property[J]. The Economic Journal, 1933,20(6):25-49.

[99] BLANCHARD O J, LOPEZ-DE-SILANES F, SHLEIFER A.What do firms do with cash windfalls?[J]. Journal of Financial Economics,1994,36(3):337-360.

[100] BLISS R T, ROSEN R J.CEO compensation and bank mergers[J]. Journal of Financial Economics,2001,61(1):107-138.

[101] BLUNDELL R, BOND S.Initial conditions and moment restrictions in dynamic panel data models[J]. Journal of Econometrics,1998,87(1):115-143.

[102] BOND S R, WINDMEIJER F. Finite sample inference for GMM estimators in linear panel data models[R]. London:London Institute for Fiscal Studies

Working Paper Series ,2002.

[103] BOWERS H M, MOORE N H.Signaling, financial slack and corporate acquisitions[J]. Review of Quantitative Finance and Accounting, 2000, 15(3):195-216.

[104] BOROKHOVICH K A, PARRINO R, TRAPANI T.Outside directors and CEO selection[J]. Journal of Financial and Quantitative Analysis,1996,31(3): 337-355.

[105] BRADLEY M, DESAI A, KIM E H.Synergistic gains from corporate acquisitions and their division between the stockholders of target and acquiring firms[J]. Journal of Financial Economics,1988,21(1):3-40.

[106] BROWN R, SARMA N.CEO overconfidence, CEO dominance and corporate acquisitions[J]. Journal of Economics and Business, 2007,59(5):358-379.

[107] BROWNS J, WARNER J B.Using daily stock returns: the case of event studies[J]. Journal of Financial Economics,1985,14(1):3-31.

[108] BRUINSHOOFD W A, KOOL C.Dutch corporate liquidity management: new evidence on aggregation[J]. Journal of Applied Economics, 2004,7(2): 195-230.

[109] CAI Y, SEVILIR M.Board connections and M&A transactions[J]. Journal of Financial Economics,2012,103(2):327-349.

[110] CHANG S.Takeovers of privately held targets, methods of payment, and bidder returns[J]. Journal of Finance,1998,53(2):773-784.

[111] CHANG X, TAN T J, WONG G, et al.Effects of financial constraints on corporate policies in Australia[J]. Accounting and Finance,2007,47(1): 85-108.

[112] CHATTERJEE R, KUENZI A.Mergers and acquisitions: the influence of methods of payment on bidder's share price[D]. UK: Cambridge Judge Institute,2001.

[113] CORE J E, HOLTHAUSEN R W, LARCKER D F.Corporate governance, chief executive officer compensation, and firm performance[J]. Journal of Financial Economics,1999,51(3):371-406.

[114] CZYZEWSKI A B, HICKS D W. Hold onto your cash[J]. Management Accounting,1992,73(3):27-30.

[115] DATTA S, ISKANDAR-DATTA M, RAMAN K.Executive compensation and corporate acquisition decision[J]. Journal of Finance,2001,56(6):2299-2336.

[116] DENIS D J, SIBILKOV V.Financial constraints, investment, and the value of

cash holdings[J]. The Review of Financial Studies,2010,23(1):247-269.

[117] DITTMAR A, DUCHIN R.The dynamics of cash [R]. Ross School of Business Working Paper,2010.

[118] DITTMAR A, MAHRT - SMITH J, SERVAES H.International corporate governance and corporate cash holdings [J]. Journal of Financial and Quantitative Analysis,2003,38(1):111-133.

[119] DITTMAR A, MAHRT-SMITH J.Corporate governance and the value of cash holdings[J]. Journal of Financial Economics, 2007,83(3):599-634.

[120] DRAPER P, PAUDYAL K.Acquisitions: private versus public[J]. European Financial Management, 2006,12(1):57-80.

[121] EASTERBROOK F H.Two agency-cost explanations of dividends[J]. The American Economic Review,1984,74(4):650-659.

[122] FACCIO M, MASULIS R W.The choice of payment method in European mergers and acquisitions[J]. Journal of Finance,2005,60(3):1345-1388.

[123] FACCIO M, SENGUPTA R.Corporate response to distress: evidence from the Asian Financial Crisis[R]. Working Paper from Federal Reserve Bank of St.Louis,2006.

[124] FALEYE O.Cash and corporate control[J]. Journal of Finance,2004,59(5): 2041-2060.

[125] FAMA E F.Efficient capital markets: a review of theory and empirical work [J]. Journal of Finance,1970,25(2):383-417.

[126] FAMA E, MACBETH J.Risk, return, and equilibrium: empirical tests[J]. Journal of Political Economy,1973,81(3):607-636.

[127] FAMA E, FRENCH K.Testing trade-off and pecking order predictions about dividends and debt[J]. Review of Financial Studies,2002,15(1):1-34.

[128] FAULKENDER M, WANG R.Corporate financial policy and the value of cash [J]. Journal of Finance,2006,61(4):1957-1990.

[129] FEYI A S, KELILUME I.The effects of mergers and acquisition on corporate growth and profitability: evidence from Nigeria [J]. Global Journal of Business Research,2013,7(1):43-58.

[130] FLANNERY M, RANGANK.Partial adjustment towards target capital structures[J]. Journal of Financial Economics,2006,79(3):469-506.

[131] FOLEY C F, HARTZELL J C, TITMAN S, et al.Why do firms hold so much cash? A tax-based explanation[J]. Journal of Financial Economics, 2007, 86(3):579-607.

[132] GARCÍA-TERUEL P J, MARTÍNEZ-SOLANO P.On the determinants of SME cash holdings: evidence from Spain[J]. Journal of Business Finance and Accounting, 2008,35(1-2):127-149.

[133] GREENWALD B, STIGLITZ J E, WEISS A.Informational imperfections in the capital market and macro-economic fluctuations[J]. American Economic Review,1984,74(2):194-199.

[134] GREGORY A.An examination of the long run performance of UK acquiring firms[J]. Journal of Business Finance and Accounting,1997,24(7):971-1002.

[135] GRIFFIN D, TVERSKY A.The weighting of evidence and the determinants of confidence[J]. Cognitive Psychology,1992,24(3):411-435.

[136] GRINSTEIN Y, HRIBAR P.CEO compensation and incentives: evidence from M&A bonuses[J]. Journal of Financial Economics,2004,73(1):119-143.

[137] GUNEY Y, OZKAN A, OZKAN N.Additional international evidence on corporate cash holdings[R]. SSRN Working Paper,2003.

[138] GUNEY Y, OZKAN A, OZKAN N.International evidence on the non-linear impact of leverage on corporate cash holdings[J]. Journal of Multinational Financial Management,2007,17(1):45-60.

[139] HAHN J, HAUSMAN J, KUERSTEINER G.Long difference instrumental variables estimation for dynamic panel models with fixed effects [J]. Journal of Econometrics, 2007,140(2):574-617.

[140] HALEBLIAN J, FINKELSTEIN S.The influence of organizational acquisition experience on acquisition performance: a behavioral learning perspective[J]. Administrative Science Quarterly,1999,44(1):29-56.

[141] HAN S J, QIU J P.Corporate precautionary cash holdings[J]. Journal of Corporate Finance, 2007,13(1):43-57.

[142] HANSEN R G.A theory for the choice of exchange medium in mergers and acquisitions[J]. Journal of Business, 1987,60(1):75-95.

[143] HARFORD J.Corporate cash reserves and acquisitions [J]. Journal of Finance, 1999,54(6):1969-1997.

[144] HARFORD J, LI K.Decoupling CEO wealth and firm performance: the case of acquiring CEO[J]. The Journal of Finance,2007,62(2):917-949.

[145] HARFORD J, MANSI S A, MAXWELL W F.Corporate governance and firm cash holdings in the US[J]. Journal of Financial Economics, 2008,87(3):535-555.

[146] HAYWARD M L A, HAMBRICK D C.Explaining the premiums paid for large

acquisitions: evidence of CEO hubris[J]． Administrative Science Quarterly, 1997,42(1):103-127.

[147] HIMMELBERG C P, LOVE I, SARRIA-ALLENDE V.Cash holding at the firm level: can transaction costs explain it all?[R]． Columbia University Working Paper,2003.

[148] HUBBARD R G, PALIA D.A reexamination of the conglomerate merger wave in the 1960s: an internal capital markets view[J]． Journal of Finance, 1999,54(3):1131-1152.

[149] ISKANDAR - DATTA M E, JIA Y.Investor protection and corporate cash holdings around the world: new evidence [J]． Review of Quantitative Finance and Accounting,2014,43(2):245-273.

[150] ISMAIL A,KRAUSE A.Determinants of the method of payment in mergers and acquisitions [J]． The Quarterly Review of Economics and Finance, 2010,50(4):471-484.

[151] JANI E, HOESLI M, BENDER A.Corporate cash holdings and agency conflicts[R]． SSRN Working Paper,2004.

[152] JARRELL G A, BRICKLEY J A, NETTER J M.The market for corporate control: the empirical evidences since 1980 [J]． Journal of Economic Perspectives, 1988,2(1):49-68.

[153] JENSEN M C.Agency costs of free cash flow, corporate finance, and takeovers[J]． The American Economic Review,1986,76(2):323-329.

[154] JENSEN M C, MECKLING W.Theory of the firm: managerial behavior, agency costs and ownership structure[J]． Journal of Financial Economics, 1976,3(4):305-360.

[155] JENSEN M C, RUBACK R S.The market for corporate control: the scientific evidence[J]． Journal of Financial Economics,1983,11(4):5-50.

[156] JUNG K, KIM Y C,STULZ R.Timing，investment opportunities，managerial discretion, and the security issue decision [J]． Journal of Financial Economics,1996,42(2):159-186.

[157] KALCHEVA I, LINS K V.International evidence on cash holdings and expected managerial agency problems[J]． Review of Financial Studies, 2007,20(4):1087-1112.

[158] KAPLAN S N, HIETALA P, ROBINSON D T.What is the price of hubris? Using takeover battles to infer overpayments and synergies[J]． Financial Management,2003,32(3):5-31.

[159] KEYNES J M. General theory of employment, interest and money[M]. London :McMillan, 1936.

[160] KHORANA A, ZENNER M.Executive compensation of large acquirors in the 1980s[J]. Journal of Corporate Finance, 1998,4(3):209-240.

[161] KIM C S, MAUERDC, SHERMAN A E.The determinants of corporate liquidity: theory and evidence[J]. Journal of Financial and Quantitative Analysis,1998,33(3):335-359.

[162] KLEIN B, CRAWFORD R G, ALCHIAN A A.Vertical integration, appropriable rents, and the competitive contracting process[J]. Journal of Law and Economics,1978,21(2):297-326.

[163] KUSNADI Y. Corporate cash holdings and corporate governance mechanisms[R]. SSRN Working Paper,2003.

[164] LAMONT O, CHRISTOPHER P.The diversification discount: cash flows versus returns[J]. Journal of Finance, 2001,56(5):1693-1721.

[165] LANG L H P, STULZ R M, WALKLINGR A.A test of the free cash flow hypothesis: the case of bidder returns[J]. Journal of Financial Economics, 1991,29(2):315-335.

[166] LEW S H,LIM S.Cash holding levels and partial adjustments—evidence from Three Asian Countries[R]. SSRN Working Paper, 2013.

[167] LODERER C, MARTIN K.Post acquisition performance of acquiring firms [J]. Financial Management, 1992,21(3):69-79.

[168] LYS T, VINCENT L.An analysis of value destruction in AT&T's acquisition of NCR[J]. Journal of Financial Economics,1995,39(2):353-378.

[169] MALMENDIER U, TATE G.CEO overconfidence and corporate investment [J]. Journal of Finance,2005,60(6):2661-2700.

[170] MALMENDIER U, TATE G.Who makes acquisitions? CEO overconfidence and the market's reaction[J]. Journal of Financial Economics, 2008,89(1): 20-43.

[171] MALONEY M T, MCCORMICK R E, MITCHELL M L.Managerial decision making and capital structure[J]. Journal of Business,1993,66(2):189-217.

[172] MARTIN J A, DAVIS K J.Learning or hubris? Why CEOs create less value in successive acquisitions[J]. Academy of Management Perspectives,2010, 24(1):79-81.

[173] MARTIN K J.The method of payment in corporate acquisitions, investment opportunities, and management ownership[J]. Journal of Finance, 1996,

51(4):1227-1246.

[174] MARTYNOVA M, RENNEBOOG L.What determines the financing decision in corporate takeovers: cost of capital, agency problems, or the means of payment?[J]. Journal of Corporate Finance,2009,15(3):290-315.

[175] MARTYNOVA M, RENNEBOOG L.The performance of the european market for corporate control: evidence from the Fifth Takeover Wave[J]. European Financial Management,2011,17(2):208-259.

[176] MORCK R, SHLEIFER A, VISHNY R.Management ownership and market valuation: an empirical analysis[J]. Journal of Financial Economics, 1988, 20(20):293-315.

[177] MIKKELSON W H, PARTCH M M.Do persistent large cash reserves hinder performance?[J]. Journal of Financial and Quantitative Analysis, 2003,38(2):275-294.

[178] MILL M H, ORR D.A model of the demand for money by firms[J]. The Quarterly Journal of Economics,1966,80(3):413-435.

[179] MODIGLIANI F, MILLER M H.The cost of capital, corporation finance and the theory of investment[J]. The American Economic Review,1958,48(3): 261-297.

[180] MYERS S C.Determinants of corporate borrowing[J]. Journal of Financial Economics,1977,5(2):147-175.

[181] MYERS S C.The capital structure puzzle[J]. Journal of Finance, 1984, 39(3):574-592.

[182] MYERS S C, MAJLUF N.Corporate financing and investment decisions when firms have information that investors do not have[J]. Journal of Financial Economics,1984,13(2):187-221.

[183] NETTER J, STEGEMOLLER M,WINTOKI M B.Implications of data screens on merger and acquisition analysis: a large sample study of mergers and acquisitions from 1992 to 2009[J]. The Review of Financial Studies, 2011, 24(7):2316-2357.

[184] NOFSINGER J R.The psychology of investing[M]. NJ: Pearson Prentice Hall, 2005.

[185] OGUNDIPE S E, SALAWU R O, OGUNDIPEL O.The determinants of corporate cash holdings in Nigeria:evidence from general method of moments (GMM) [J]. World Academy of Science,Engineering and Technology, 2012,6(1):24-30.

173

[186] OLER D K.Does acquirer cash level predict post-acquisition return[J]. Review of Accounting Studies,2008,13(4):479-511.

[187] OLER D K, PICCONI M.Implications of cash holding for shareholders[J]. Corporate Governance and Firm Performance, 2009,13:35-52.

[188] OOGHE H, LAERE E V, LANGHE T D.Are acquisitions worthwhile? An empirical study of the post-acquisition performance of privately held belgian companies[J]. Small Business Economics,2006,27(2-3):223-243.

[189] OPLER T, PINKOWITZ L, STULZ R, et al.The determinants and implications of corporate cash holdings[J]. Journal of Financial Economics,1999,52(1): 3-46.

[190] OZKAN A, OZKAN N.Corporate cash holdings: an empirical investigation of UK companies [J]. Journal of Banking and Finance,2004,28 (9): 2103-2134.

[191] PAN HONGBO, XIA XINPING, YU MINGGUI.Managerial overconfidence and corporate takeovers[J]. International Journal of Managerial Finance,2006, 2(4):328-342.

[192] PINKOWITZ L, WILLIAMSON R.What is a dollar worth?The market value of cash holdings[R]. SSRN Working Paper,2002.

[193] PINKOWITZ L, STULZ R M, WILLIAMSON R.Do firms in countries with poor protection of investor rights hold more cash?[R]. NBER Working Paper, 2003.

[194] PINKOWITZ L, STULZ R, WILLIAMSON R.Does the contribution of corporate cash holdings and dividends to firm value depend on governance? A cross-country analysis[J]. Journal of Finance,2006,61(6):2725-2751.

[195] PORTA R L, FLORENCIO L D S, SHLEIFER A, et al.The quality of government[J]. Journal of Law, Economics and Organization,1999,15(1): 222-279.

[196] PRATTEN C F.Economics of scale in manufacturing industry [M]. Cambridge: Cambridge University Press,1971.

[197] RICHARDSON S.Over-investment of free cash flow [J]. Review of Accounting Studies, 2006,11(2):159-189.

[198] ROLL R.The hubris hypothesis of corporate takeovers [J]. Journal of Business, 1986,59(2):197-216.

[199] ROODMAN D.How to do Xtabond2: an introduction to difference and system GMM in Stata[J]. Stata Journal,2009,9(1):86-136.

[200] SCHWERT G W.Mark-up pricing in mergers and acquisitions[J]. Journal of Financial Economics,1996,41(2):153-192.

[201] SCHWETZLER B,REIMUND C.Valuation effects of corporate cash holdings: evidence from Germany[R]. HHL Working Paper,2003.

[202] SERVAES H.Tobin's Q and the gains from takeovers[J]. Journal of Finance, 1991,46(1):409-419.

[203] SHEU H J, LEE S Y.Excess cash holdings and investment: the moderating roles of financial constraints and managerial entrenchment[J]. Accounting and Finance,2012,52(1):287-310.

[204] SHIN H, KIM Y H.Agency costs and efficiency of business capital investment: evidence from quarterly capital expenditures[J]. Journal of Corporate Finance, 2002,8(2):139-158.

[205] SHLEIFER A, VISHNY R W.A survey of corporate governance[J]. Journal of Finance,1997,52(2):737-783.

[206] SHYAM-SUNDER L, MYERS S C.Testing static tradeoff against pecking order models of capital structure[J]. Journal of Financial Economics, 1999, 51(2):219-244.

[207] SLUSKY A R, CAVES R E.Synergy, agency, and the determinants of premia paid in mergers[J]. Journal of Industrial Economics,1991,39(3):277-296.

[208] STULZ R.Managerial discretion and optimal financing policies[J]. Journal of Financial Economics,1990,26(1):3-27.

[209] STULZ R M, SCHLINGEMANN F P, MOELLER S B.Firm size and the gains from acquisitions[J]. Journal of Financial Economics, 2004,73(2):201-228.

[210] SUBRAMANIAM V.Firm structure and corporate cash holdings[J]. Journal of Corporate Finance,2011,17(3):759-773.

[211] TERUEL P J, SOLANO P M.On the determinants of SME cash holdings: evidence from Spain[J]. Journal of Business Finance and Accounting, 2008, 35(2):127-149.

[212] TONG Z X.Firm diversification and the value of corporate cash holdings[J]. Journal of Corporate Finance,2011,17(3):741-758.

[213] TRAUTWEIN F.Merger motives and merger prescriptions[J]. Strategic Management Journal,1990,11(4):283-295.

[214] TRAVLOS N G.Corporate takeover bids, methods of payment, and bidding firms' stock returns[J]. Journal of Finance,1987,42(4):943-963.

[215] VENKITESHWARAN V.Partial adjustment toward optimal cash holding levels

175

[J]. Review of Financial Economics,2011,20(3):113-121.

[216] WEISBACH M S.Outside directors and CEO turnover [J]. Journal of Financial Economics,1988,20(88):431-460.

[217] WESTON J F, SIU J A, JOHNSON B A.Takeovers,restructuring,and corporate governance[M]. 3rd ed. New Jersey: Prentice Hall Inc, 2001.

[218] YERMACK D.Higher market valuation of companies with a small board of directors[J]. Journal of Financial Economics,1996,40(2):185-211.

[219] ZEFF S A.The rise of economic consequences[J]. Journal of Accountancy, 1978,12:56-63.

[220] ZHAN J, ERIK L.Cash holding adjustments and firm entrenchment [R]. SSRN Working Paper,2010.

# 索引

## 后 记

本书是在我的博士学位论文的基础上修改而成的。本书能够顺利出版，首先要感谢恩师刘淑莲教授。感谢恩师的垂爱，将愚钝的我收归门下。师恩难忘，此刻竟无法用笨拙的言语描绘。在三年多的博士求学期间，恩师若慈母，学术上为我筑基启蒙，生活上视如己出、关怀备至，为人上言传身教，使我受益匪浅。博士论文的完成，亦倾注了恩师无数的心血，从选题构思，到难疑点的解决，到初稿修改，再到终稿形成，费尽恩师太多精力。另外，恩师严谨的治学态度、高尚的为人品德是我心中无法攀越的丰碑，也是我一生需要学习的方向和努力的目标。谢谢恩师，谢谢您这些年的"授渔"与教诲，今后人生路，必将带着您的教导诠释作为刘氏弟子的骄傲。感谢东北财经大学这所安静又积淀深厚的学府让我成长、成熟和成就。初入东财，郁葱的树木，清香的花草，大气的楼堂，朝气的学子，如此盛景校园令我欣喜不已。梁苑寝室到之远楼和博学楼的往返上课路，科学报告厅和图书馆的讲座声，美食城与中心食堂的飘香饭菜，丁香园和樱花园的四季鲜花，陪伴我度过辛苦的求学时光。这座临海的美丽大学，这座美丽的海滨城市，伴我走过一段难忘的人生路，无论行至何方，我都会铭记"博学济世"的校训而为有价值的人生履责。

感谢东北财经大学的张先治教授、池国华教授、万寿义教授、刘行副教授、常

179

丽教授、耿云江副教授、刘媛媛副教授，他们在学术思维、研究方法等方面给予我很大的启发和帮助。

感谢陪我走过攻读博士学位这段辛苦历程的好友，扶持之谊终生难忘。同门李井林博士、杨超博士、周雪峰博士、张广宝博士、王月华博士，你们让我明白了学术上的坚持与科研上的精进；室友崔莹博士、李枭博士和李昕潼博士，你们让我感受了北方人的深情厚谊；同学李英博士、陈作华博士，你们让我体会到朋友间的关心与帮助。与诸友在思想上的交流或学术上的激烈碰撞坚定了我继续科研之路的决心，纯挚的情感，或亲或友，带给了我太多的感动，在此感恩不已。

感谢时刻担心我、爱我、无私为我付出的双亲和爱人，还有令我无限牵挂的女儿。我所取得的每一点小小的进步都离不开双亲无私付出为女儿创造的优越奋斗环境，抚育之恩，难以言表，多少年来的日夜操劳，已致贤父两鬓白发、慈母皱纹满额，此刻满眼酸泪，道不尽对父母的感恩之情；感谢我的贴心小棉袄，宝贝女儿拥有与其年龄不相称的成熟，坚强地安慰我精进学业和潜心科研，也原谅我作为母亲却在她成长阶段不在身边陪伴的失责；最后，还要非常感谢我先生的宽容与支持，是他以爱之名付诸对我的生活照料和学术帮助，才能让我如此顺利地完成博士学业，在科研的道路上继续前行。

张芳芳

2017 年 2 月